JN335596

奈良の古墳

まりこふん 著

目次

- 本文中の記述、写真については取材当時の状況に基づいたもので、変更される場合があります。
- 古墳の築造年代や被葬者、名称、読みなどには諸説あります。本書のDATA部分は基本的には『日本古墳大辞典』『続日本古墳大辞典』（いずれも東京堂出版刊）を参考に作成しました。

はじめに

「古墳といえば奈良」

このイメージが多くの人の中に強く根付いていると思います。

私も古墳を好きになって早い段階で行ったのはやはり奈良でした。

歴史……特に日本史に疎い私でも、奈良には有名で魅力的な古墳がたくさんある、というイメージを持っていたし、何故かわからないけど古墳めぐりはまず奈良からだ、と考えていたのです。

はじめて訪れた奈良の古墳は「卑弥呼の墓ではないか?」と言われている憧れの箸墓《はしはか》古墳。

巻向《まきむく》駅から地図を片手に歩いて探し、箸墓古墳を見つけた時には大コーフンしてしまい、そのどこから見ても美しくモッコリしたカワイイ姿にウットリしながら、古墳の周りを歩いていたらいつの間にか3周していた、なんて思い出もあります。

古墳の数だけでいえば1位は兵庫県、2位は鳥取県、3位は千葉県で、奈良県は5位以内にも入っていないというのに、何故こんなにも「古墳といえば奈良」というイメージがついているのでしょうか。

奈良の古墳には歴史的に価値のある古墳が多いから? 天皇陵が多いし、被葬者にまつわるストーリーが多いから? ……いやいや、それだけではないと私は思うのです。きっと他にも理由があるはず。

その理由を探しに、そして古墳めぐりの原点にかえる意味でも、もう一度奈良の古墳に会いに行きたい! もっとたくさん奈良の古墳と出会いたい! ……そんな気持ちで取材をしてきました。

一緒に楽しく奈良の古墳をめぐっているような気持ちで読んでいただけたら嬉しいです!

まりこふん

古墳のカタチ

この本に出てくる
奈良の古墳のカタチを紹介するよ

前方後円墳《ぜんぽうこうえんふん》

誰でも知ってる
国民的アイドル

よろしくね！

双方中円墳《そうほうちゅうえんふん》

我が道をゆく
個性派裏原系

最近忙しくってぇ～

円墳《えんぷん》

素朴だけど数なら
誰にも負けない

ど・どーも…

前方後方墳《ぜんぽうこうほうふん》

古墳界のガテン系

おっす～！

上円《じょうえん》下《か》方墳《ほうふん》

古墳界に
新風を巻き起こした

どゥーも、どゥーもぉ！

横から見た
オレっち

帆立貝形《ほたてがいがた》古墳《こふん》

前方後円墳の赤ちゃん!?

ばぶぅ～

方墳《ほうふん》

この形に
誇りを持っている

元気に行こうゼッ！

長方形墳《ちょうほうけいふん》

時代の
最先端センス

おなかすいた～

八角墳《はっかくふん》

セレブ中のセレブ

ごきげん
あそばせ

六角墳《ろっかくふん》

角の数で
地味にアピール

タリぃ～

主にこの本で出てくるものをチョイス！

古墳のつくり

つくりを知っているとより古墳を楽しめるよ！

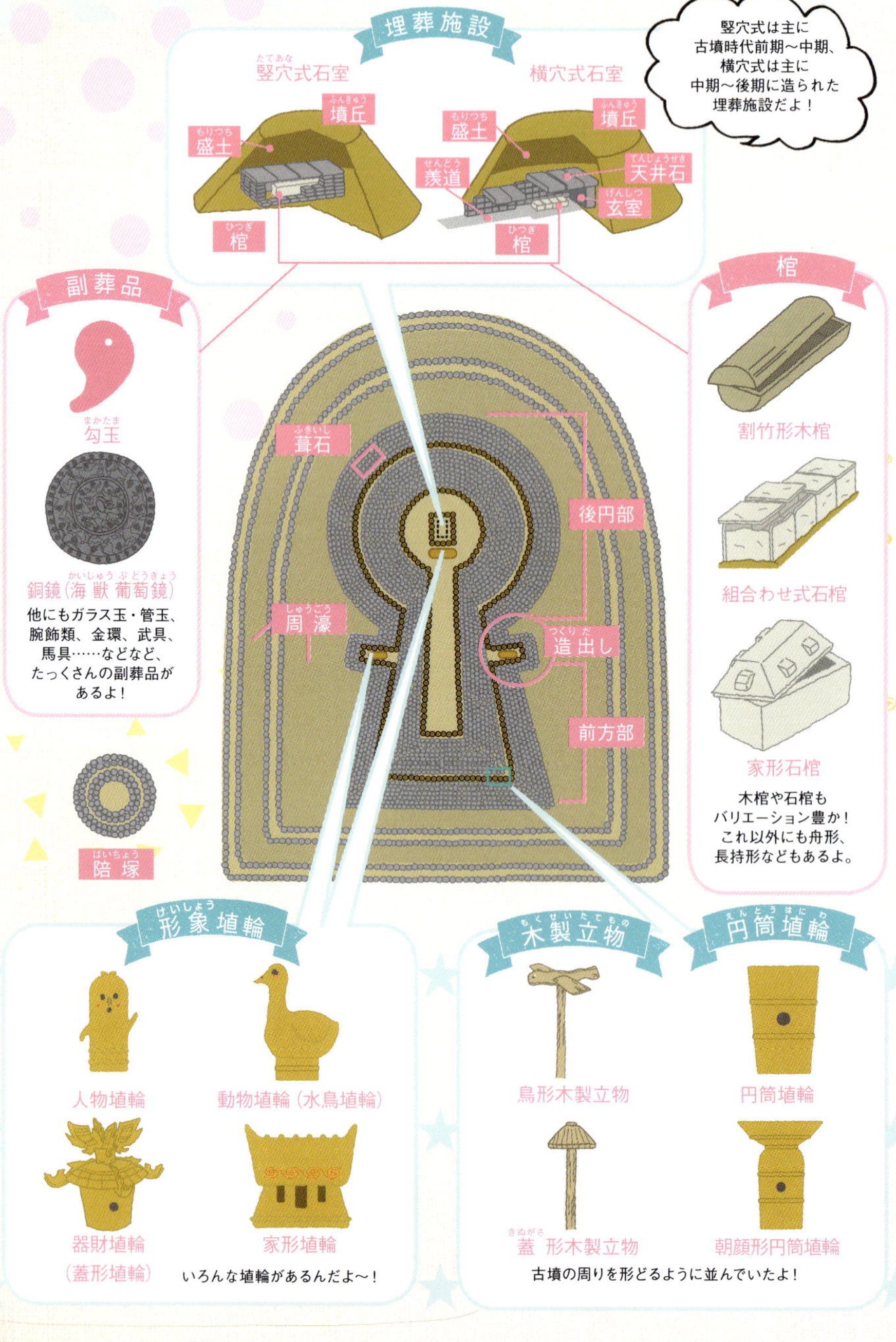

第1章

奈良市街

宝来山古墳

現在《いま》でもつづく二人の絆が
未来へつながることを願って

高貴な姿にウットリ！
トレインビュー古墳！

宝《ほう》来《らい》山《さん》古墳

Profile

のどかな景色の中に美しくたたずむ宝来山古墳は非常に高貴に見えて、なんとなく線の細い気高い美少年のよう！垂仁《すいにん》天皇のお墓として宮内庁の管轄になっているよ。同じ堀内にある小島は田道間守《たじまもり》の墓。田道間守は垂仁天皇の命で「非時《ときじく》の香菓《かぐのこのみ》（現在では橘ということになっている）」を遠くまで探しに行くんだけど、十年かけてやっとこ帰ってきたらすでに垂仁天皇は亡くなっていたんだって。田道間守は悲しすぎて泣き叫びながら死んでしまったとか……。本当に垂仁天皇を深く慕っていたのだなぁ。死んでからもなお垂仁天皇に仕えている田道間守の献身的な姿に胸キュンして欲しい！

近鉄橿原線の尼ヶ辻駅付近で電車内から宝来山古墳が見えるよ！

宝来山古墳のすぐそばでは田道間守が持ち帰ったという「非時の香菓」を育てているよ！

こちらが田道間守のお墓。
ちょこんとしててカワイイ!

宝来山古墳から約15分北に歩くと
埴輪を焼いた窯の跡地
「菅原はにわ窯公園」があって
埴輪ちゃん達が出迎えてくれるよ!

DATA

MAP → P112

宝来山古墳(垂仁天皇陵)

〔ほうらいさんこふん(すいにんてんのうりょう)〕

時代	4世紀末~5世紀初頭頃
管理	宮内庁
形	前方後円墳
全長	227m
所在地	奈良市尼ヶ辻西町
アクセス	近鉄橿原線「尼ヶ辻」駅より徒歩5分

菅原はにわ窯公園(菅原東遺跡埴輪窯跡群)

〔すがわらはにわかまこうえん(すがわらひがしいせきはにわかまあとぐん)〕

時代	古墳時代後期
指定	市指定史跡
所在地	奈良市横領町403-2
アクセス	近鉄橿原線「尼ヶ辻」駅より徒歩12分、宝来山古墳の北

火花を散らす女の戦い!?

古代昼ドラ古墳!

ウワナベ・コナベ古墳

Profile

航空自衛隊奈良基地を挟んで同じ向きで隣り合っているウワナベ古墳とコナベ古墳。ウワナベ古墳は八田皇女《やたのひめみこ》、コナベ古墳は磐之媛《いわのひめ》の陵墓参考地とされてるよ。

磐之媛（コナベ）が遊びに出た隙に夫の仁徳《にんとく》天皇が八田皇女（ウワナベ）を宮中に入れたってことで磐之媛は激怒！仁徳天皇のところから出ていって筒城宮《つつきのみや》に移り住み、そこで亡くなったんだって。いっぽう仁徳天皇は磐之媛が亡くなってから八田皇女を后にしたとか……なんだか磐之媛ちょっとかわいそうだなぁ。

それにしてもここが二人の墓だとすると、仁徳天皇をめぐる女の戦いは現代もなお航空自衛隊を挟んでつづいているのか!?

野生の動物が
たくさんいる
コナベ古墳
これぞ
古墳浴《こふんよく》！

航空自衛隊奈良基地が
ウワナベ古墳とコナベ古墳の
間にあるよ

２つの古墳のさらに北にはヒシアゲ古墳が。コナベ古墳も磐之媛の陵墓参考地になっているけど、正式にはヒシアゲ古墳が磐之媛陵ってことになってるよ

DATA

MAP → P112

ウワナベ古墳（宇和奈邊陵墓参考地）
〔うわなべこふん（うわなべりょうぼさんこうち）〕

時代	5世紀中頃
管理	宮内庁
形	前方後円墳
全長	256m
所在地	奈良市法華寺町
アクセス	近鉄奈良線「新大宮」駅より徒歩20分、コナベ古墳の東

コナベ古墳（小奈邊陵墓参考地）
〔こなべこふん（こなべりょうぼさんこうち）〕

時代	5世紀前半頃
管理	宮内庁
形	前方後円墳
全長	204m
所在地	奈良市法華寺町
アクセス	近鉄奈良線「新大宮」駅より徒歩25分、ウワナベ古墳の西

ヒシアゲ古墳（磐之媛陵）〔ひしあげこふん（いわのひめりょう）〕

時代	？
管理	宮内庁
形	前方後円墳
全長	219m
所在地	奈良市佐紀町
アクセス	JR関西本線「平城山」駅より徒歩17分、コナベ古墳の北

3つの古墳に囲まれる！
ココは古墳パラダイス！
佐紀石塚山古墳
佐紀陵山古墳
佐紀高塚古墳

佐紀《さき》三陵《さんりょう》

Profile

奈良の人なら誰でも知ってるであろうショッピングセンター「ならファミリー」から徒歩五分北に進むとまずは佐紀高塚古墳（称徳《しょうとく》天皇陵）が見えてくるよ！

そして脇の細い道を抜けると左手に佐紀石塚山古墳（成務《せいむ》天皇陵）、奥に佐紀陵山古墳（日葉酢媛命《ひばすひめのみこと》陵）と三古墳が密集！ 全部宮内庁管轄なので中には入れないけど、三古墳が密集している真ん中に立つことができるので最古《サイコ》～！

どっちを向いても古墳さんがいるなんて、本当に古墳パラダイス！

どっちを向いても
古墳さん！

3古墳の真ん中に立ってみよう！
そこは古墳パラダイス！

佐紀高塚古墳

近づいていく道は
まるでバージンロード！

佐紀石塚山古墳

白鷺が木々に止まっていることも！

佐紀陵山古墳

クリオネの姿を想像しながら見学してみて！

拝所にもそれぞれ個性があるね！

造出しがまるでクリオネのようでかわいい〜

？ 造《つくり》出《だ》し

古墳からぴょこっと出ている部分。祭祀が行われた場所なのでは？と言われているよ

DATA

MAP → P112

佐紀高塚古墳（称徳天皇陵）〔さきたかつかこふん（しょうとくてんのうりょう）〕

時　　代　？
管　　理　宮内庁
形　前方後円墳
全　　長　127m
所 在 地　奈良市山陵町
アクセス　近鉄「大和西大寺」駅より徒歩10分または近鉄京都線「平城」駅より徒歩7分、佐紀石塚山古墳の南

佐紀石塚山古墳（成務天皇陵）〔さきいしづかやまこふん（せいむてんのうりょう）〕

時　　代　？
管　　理　宮内庁
形　前方後円墳
全　　長　218.5m
所 在 地　奈良市山陵町
アクセス　近鉄「大和西大寺」駅より徒歩15分または近鉄京都線「平城」駅より徒歩5分、佐紀陵山古墳の西

佐紀陵山古墳（日葉酢媛命陵）〔さきみささぎやまこふん（ひばすひめのみことりょう）〕

時　　代　4世紀後半〜末頃
管　　理　宮内庁
形　前方後円墳
全　　長　206m
所 在 地　奈良市山陵町
アクセス　近鉄「大和西大寺」駅より徒歩13分または近鉄京都線「平城」駅より徒歩5分、佐紀石塚山古墳の東

この先が
仁正皇太后陵！

聖武《しょうむ》天皇陵
仁《にん》正《しょう》皇太后陵

長〜く美しい参道！ 神聖な場所だなぁって気持ちになるよ。

参道は途中で分かれていて、真っ直ぐ行くと聖武天皇、右に行くと奥様の仁正皇太后（光明《こうみょう》皇后）のお墓があるよ。皆が知ってる東大寺を建てたのがこの聖武天皇。奈良の大仏のように心も大きかったのか、皇太后が怖かったのか、ここの夫婦はかかぁ天下だったんだって。ともあれ二人が天平文化を代表する天皇夫婦だということは間違いない！

道が分かれるところに立つと、歴史を変えた二人の存在の大きさを感じるんだよなぁ〜。

Profile

ここまでの
参道も長くて
キレイ〜！

あの世でも連れ添って眠る
天平《てんぴょう》夫婦！

こっちが
聖武天皇陵！

DATA

MAP → P112

聖武天皇陵〔しょうむてんのうりょう〕

時代	？
形	山形
管理	宮内庁
所在地	奈良市法蓮町
アクセス	近鉄奈良線「近鉄奈良」駅より奈良交通バス「法蓮仲町」下車徒歩５分

仁正皇太后陵〔にんしょうこうたいごうりょう〕

時代	？
形	山形
管理	宮内庁
所在地	奈良市法蓮町
アクセス	近鉄奈良線「近鉄奈良」駅より奈良交通バス「法蓮仲町」下車徒歩５分

お立寄りスポット

MAP → P112

古墳グッズを
GET しよう！

フルコト

フルコト

問合せ	☎ 0742-26-3755
営業時間	11：00 ～ 17：00（原則）
定休日	火・水・木曜日（原則）
所在地	奈良市東包永町 61-2　2F
アクセス	近鉄奈良線「近鉄奈良」駅より徒歩 15 分または奈良交通バス「手貝町」下車徒歩３分

古墳コーヒーが
飲める！

ことのまあかり

問合せ	☎ 0742-24-9075
営業時間	金・土・日曜日 11：00 ～ 21：00 月・水・木曜日 14：00 ～ 20：00
定休日	火曜日
所在地	奈良市小西町２　２Ｆ
アクセス	近鉄奈良線「近鉄奈良」駅よりすぐ

ほどよい丸みに悶絶！
上円下方墳界のアイドル！

石のカラト古墳

Profile

鏡もちのようなこの古墳。下が四角で上が丸の上円下方墳という形だよ！全国的にも珍しい古墳の形でその中でもかわいさはダントツナンバーワン!!

墳丘上を府県境が通ってて公園の入り口から入って表の奈良県側では「石のカラト古墳」、裏の京都府側では「カザハヒ古墳」と呼ばれていたんだって！表側は石積みもキレイでカワイイのだけど、裏側は時折り葺《ふき》石《いし》が剥がれている場所もあってなんだか哀愁が漂っている……。直してあげたい気持ちに駆られるかもだけど、柵内には入っちゃダメだよ。

裏側が少しハゲ気味なの。。。ストレス溜まっちゃったのかなぁ……。
で、でもカドっこはほどよい丸みがあってカワイイよっ！

公園の近くにはこんな石碑が立ってるよ。
「（カラト古墳緑地）」ってわざわざ略して
書いてるのは何故!?

DATA

MAP → P112

石のカラト古墳〔いしのからとこふん〕

時代	7世紀末～8世紀初頭頃	形	上円下方墳
指定	国指定史跡	方形一辺	13.8m
所在地	奈良市神功・京都府木津川市兜台（府県境）		
アクセス	近鉄京都線「高の原」駅より徒歩21分		

古代に導かれし者達よ、冒険の旅がはじまる……！

鶯《うぐいす》塚《づか》古墳

Profile

　この古墳は若草山の頂上にあるのでちょっとした山登り！　山の形状を利用して造った古墳と言われているけれど、古墳ビルダー達も大変だっただろうなぁ。山頂には鹿もいて、風も気持ちよく吹いていて、本当に古代の世界にタイムスリップした気分になれるよ！
　また『枕草子』に登場する鶯陵《うぐいすのみささぎ》はここととも言われていて、後円部には「鶯陵」の石碑が立っているのでコレも必見！　歩いているとちょっと形はわかりにくいけど、柵の脇から見ると前方後円墳の形がわかる！

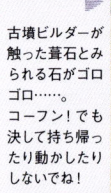

　近くには陪塚と考えられる円墳や方墳が三基ほどあるからそれも見逃さないでね。

古墳ビルダーが触った葺石とみられる石がゴロゴロ……。コーフン！でも決して持ち帰ったり動かしたりしないでね！

墳頂にある石碑

ここから見ると前方後円墳の形がわかるよ！

DATA

MAP → P112

鶯塚古墳［うぐいすづかこふん］

時代	5世紀前半頃	所在地	奈良市雑司町
指定	国指定史跡	アクセス	近鉄奈良線「近鉄奈良」駅より車で新若草山ドライブウェイ（通行料有料）を経て、若草山山頂駐車場（駐車料無料）よりすぐ
形	前方後円墳		
全長	103m		

？陪《ばい》塚《ちょう》

大きな古墳のそばにある小さな古墳。大きな古墳の埋葬者の親族や臣下、または副葬品が納められてただけのものもあるよ

和製ジャンヌ・ダルクの墓!?

もっとそばに
行けたらなぁ〜

五《ご》社《さ》神《し》古墳

Profile

細くかわいらしい石階段を上って行くと壮大な姿を現す！ 宮内庁管轄で神功《じんぐう》皇后陵とされているよ。神功皇后の伝記は『古事記』や『日本書紀』に詳しく記されていて、中には天皇が亡くなったことを隠して自ら男装して軍船を整えて、新羅《しらぎ》の国に攻め入ったなんて話も！ もしも本当ならば元祖和製ジャンヌ・ダルクだね！ 姐《あね》さんって呼びたくなる！

近くには「飛び地い号」や「飛び地ろ号」などの陪《ばい》塚《ちょう》もあるので是非探してみてね！

「飛び地」って
名前、カワイイ！

飛び地ろ号

飛び地い号

この石階段から上って行くと五社神古墳があるよ。通り過ぎないように注意！

DATA

MAP → P112

五社神古墳(神功皇后陵)〔ごさしこふん(じんぐうこうごうりょう)〕

時代	?	全長	273m
管理	宮内庁	所在地	奈良市山陵町
形	前方後円墳	アクセス	近鉄京都線「平城」駅より徒歩8分

突然現る奈良の街中古墳さん！

ビルとビルの間に現れる！

開《かい》化《か》天皇陵

Profile

近鉄奈良駅からJR奈良駅に向かう三条通の途中で突然姿を現す開化天皇陵。奈良の人達の生活に溶け込んだ古墳で、すぐ隣りもホテルになっていたりする。当然ここも宮内庁管轄なので中に入れず、形も確認しにくいのだけども、常に街中で奈良の人が行き交う様子をず～っと見てきているのだなぁと思うと胸が熱くなる……！

DATA

MAP → P112

開化天皇陵〔かいかてんのうりょう〕

時　代	5世紀頃	所在地	奈良市油阪町
管　理	宮内庁	アクセス	JR「奈良」駅より徒歩7分または近鉄奈良線「近鉄奈良」駅より徒歩5分
形	前方後円墳		
全　長	105m		

お立寄りスポット

MAP → P112

プティ・マルシェ＆ぷちまるカフェ～

- 問合せ　info@petitmarche-nara.jp（問合せ・注文はメールで）
- 営業時間　焼き菓子販売は水～日曜日 12：00～18：30／カフェ営業は土・日曜日 12：00～18：30（原則）
- 定休日　月・火曜日
- 所在地　奈良市東寺林町22
- アクセス　近鉄奈良線「近鉄奈良」駅より徒歩10分

見た目だけじゃない！すごくおいしいよ!!

プティ・マルシェ＆ぷちまるカフェ～さんの古墳型ケーキ。古墳ファンなら必食！

小型前方後円墳ケーキ（1基500円）は土日にカフェでいただけるよ（予約優先）。中にはカシューナッツが勾玉の代わりに入っている!!

第2章
生駒・斑鳩・郡山

烏土塚古墳

何時《いつ》でも別れは辛いけど、
そこからはじまる明日がある

上はどうなってるのかなぁ。土器土器……

鳥《う》土《ど》塚《づか》古墳

Profile

住宅街に突然現れる看板と階段。ここを上って行ったら一体どんな古墳に会えるのだろうと期待で胸が土《ド》っ器《キ》土《ド》器《キ》！ 上まで上り切ると前方後円墳の前方部の方に出て景色も最古《サイコ》〜！

見晴らしのよい丘陵上に造られた国指定の古墳さん。この古墳、宅地造成で壊されそうになったんだけど、地元の保存運動のおかげで残った古墳なんだって。古墳を思う地元の皆さんのおかげで出会えたんだ、と思うと感動もひとしおだよ……。

後円部の上まで行くと、なんと今度は下に降りる階段を発見！ 降りるとそこでは横穴式石室と石棺があなたを迎えてくれる！

上を見ると木でトンネルのように覆われているよ！メルヘンチック！

わぁ……！

墳《フン》ターテインメントな アスレチック古墳！

石室内には石棺が残っているよ。感動……壊されなくてホントによかった。。。

扉が開いたぁ～！

平群（へぐり）町中央公民館で石室の鍵を借りられるよ！

カワイイ鍵！

DATA

MAP → P113

烏土塚古墳〔うどづかこふん〕

時代	6世紀中頃
指定	国指定史跡
形	前方後円墳
全長	60.5m
所在地	生駒郡平群町春日丘
アクセス	近鉄生駒線「竜田川」駅より徒歩5分

お立寄りスポット

MAP → P113

平群町中央公民館　石室の鍵を貸出（要事前連絡）

問合せ	☎ 0745-45-2101
開館時間	9：00～22：00
休館日	水曜日・祝日・年末年始
所在地	生駒郡平群町福貴 1037-2
アクセス	近鉄生駒線「平群」駅より徒歩7分

ハイキングも楽しめる オープンな終末期古墳！

祠《ほこら》にも
お参りしよう！
オ〜プンな
古墳さんっ！

西宮古墳《にしのみや》

Profile

造られた当時はビシーっと墳丘全体に貼石が施されていた平群《へぐり》を代表する古墳時代終末期の方墳。今は土嚢《どのう》で崩れないように整備されているよ。

石室には閉塞《へいそく》施設のようなものはなくて、入り口部分が外から見えるようにされていたんじゃないかって言われている、なんともオープンな古墳さん！

石棺が置いてある玄室《げんしつ》は天井も奥壁も側壁も全部一枚石！当時の石工《いしく》職人さんのこだわりが窺える造りになっているよ。

この古墳のある平群中央公園は広い公園で、スポーツ施設の他、大きなすべり台や西宮城跡、下垣内城跡などもあるのでハイキングにもぴったりだよ！

土嚢が積まれていて階段みたいになってるから上りやすいよ

大きな長いすべり台は西宮古墳のすぐそば

岡田為吉さん奉納の謎の樽

D・A・T・A

MAP → P113

西宮古墳 (にしのみやこふん)

時代	7世紀後半頃	一辺	35.6m
指定	県指定史跡	所在地	生駒郡平群町西宮
形	方墳	アクセス	近鉄生駒線「竜田川」駅より徒歩10分

BL古墳!?

1つの棺に2人の男性！

藤《ふじ》ノ《の》木《き》古墳

Profile

こちらの藤ノ木古墳、発掘調査で水銀朱《すいぎんしゅ》で真っ赤に塗られた家形石棺の中に男性と見られる人骨が二体見つかったんだって。兄弟なのか、もしくは恋人なのか……二人の関係がとても気になる。

人骨の他にも金銅製の冠や履《くつ》や馬具、玉《ぎょく》類は一万点以上も見つかったんだって。相当権力があった人のお墓なんだろうなぁ。

普段、石室には入れないけど、ガラス越しに石室内を覗くことができるよ。ど～してもナマで見たい！という方は春と秋の年二回石室を公開しているので要チェック！

また、古墳の周りにはベンチもあって古墳を見ながらの墳デートや墳ピクにピッタリだよ！近くの法隆寺にも行ってみよう！

石室内の様子

※墳デート…古墳デート
※墳ピク…古墳ピクニック

タイムスリップしちゃいそう！

かっこいい～！

古墳スタイリストさん達が墳丘に笹を植えて古墳さんをオシャレにしていたよ。

斑鳩文化財センターは藤ノ木古墳から徒歩約4分。藤ノ木古墳のレプリカ石棺が入り口にド～ン！

迫力あるなぁ！

斑鳩文化財センターで発掘当時の石棺内の様子を展示しているから見に行ってみて！

DATA

MAP → P113

藤ノ木古墳
〔ふじのきこふん〕

時代	6世紀後半頃	形	円墳
指定	国指定史跡	直径	48m
所在地	生駒郡斑鳩町法隆寺西		
アクセス	奈良交通バス「斑鳩町役場前」「法隆寺門前」下車徒歩5分		

お立寄りスポット

MAP → P113

斑鳩町文化財活用センター（斑鳩文化財センター）

問合せ	☎ 0745-70-1200	所在地	生駒郡斑鳩町法隆寺西 1-11-14
開館時間	9：00～17：00	アクセス	藤ノ木古墳より徒歩4分
休館日	水曜日		

金魚の養殖池にひっそりたたずむ前方後円墳！

新《に》木《き》山《やま》古墳 Profile

奈良の郡山《こおりやま》と言えば金魚の街だけど、一二〇メートル超えの前方後円墳もあるんだよ！ 陵墓参考地なので中には入れないけど、堀も残っていて美しい姿は健在！

六世紀頃に造られたと言われていたのだけど、二〇一一年の発掘調査で家形埴輪や円筒埴輪の破片が数百点出土して、その埴輪の特徴から五世紀頃に造られた古墳かもしれないと推定されたそう。まだまだこの古墳は謎に包まれている……。

コロッケをパクつきながら
金魚と古墳を楽しもう！

DATA MAP → P113

新木山古墳（郡山陵墓参考地）
〔にきやまこふん（こおりやまりょうぼさんこうち）〕

時代	5世紀頃	全長	122.5m
管理	宮内庁	所在地	大和郡山市新木町
形	前方後円墳	アクセス	近鉄橿原線「近鉄郡山」駅より徒歩10分

お立寄りスポット MAP → P113

ころっけのハヤシ

問合せ	☎0743-52-2583	所在地	大和郡山市南郡山町238
営業時間	11：00～19：00	アクセス	近鉄橿原線「近鉄郡山」駅よりすぐ
定休日	日曜日		

黄泉《よみ》の国に迷い込んだ!?
孤独な古墳にどうか未来を！

小泉大塚古墳《こいずみおおつか》

Profile

小泉大塚古墳は元は全長八八メートルの前方後円墳だったのだけど、後円部だけが残っていて前方部はアパート（？）になってしまっている。しかもそのアパート二棟も今や人が住んでいるのかどうか……。古墳の周りも少し暗い雰囲気でなんだか寂しい感じなの……。

古墳の少ない生駒《いこま》・矢田《やた》丘陵《きゅうりょう》に竪穴式の石室を持つ貴重な古墳なのにこんなことになっちゃってる。こういう古墳が全国にはたくさんあることもどうか忘れないで欲しい。

手前が前方部で奥が後円部。アパート部分をどうにか古墳に戻してあげられないものだろうか……

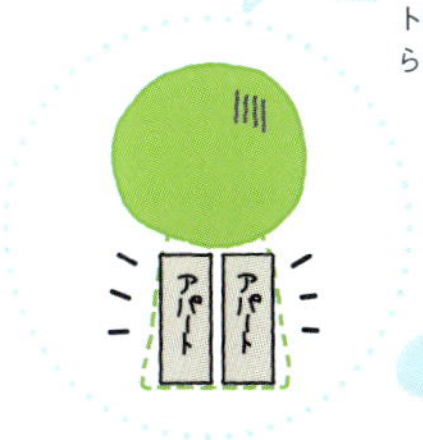

前方部に建てられたアパート。

D·A·T·A

MAP → P113

小泉大塚古墳〔こいずみおおつかこふん〕

時代	4世紀頃	全長	88m
指定	県指定史跡	所在地	大和郡山市小泉町
形	前方後円墳	アクセス	JR関西本線「大和小泉」駅より徒歩20分

FROGMAN×まりこふん 古墳への愛を叫ぶ part 1

四月十日十六時、株式会社DLEの会議室で、あの『古墳ギャルのコフィー』(※1)の生みの親・FROGMANさんとまりこふんさんがとうとうご対面! 憧れのFROGMANさんにお会いできて緊張&コーフン気味のまりこふんさんに、早速「やあ、コフィーちゃん(ええ声)」とニントクくん(※2)ボイスで場を和ませてくださるFROGMANさん。お二人に古墳について熱く語っていただきました。

FROGMAN

1971年生まれ。映像クリエイター。2001年、映画の撮影をきっかけに島根県出雲市(旧平田市)に移住(現在は東京在住)。2005年にアニメ『古墳ギャルのコフィー』を制作し、「世界初・セメタリー学園ラブコメディ」という異色のジャンルを開拓、カルト的な人気を博する。翌年には『秘密結社 鷹の爪』と2本立てで構成したテレビ番組『THE FROGMAN SHOW』によりブレイク。監督・脚本・キャラクターデザイン・録音・編集・声の出演などを一人でこなす。

お二人が古墳に興味を持たれたきっかけを教えてください。

まりこふん（以下、ま）　私は音楽活動で大阪に行ったとき、教科書で見た仁徳《にんとく》陵の形を見てみたい！と思い立ったのがきっかけです。でも行ってみたらあまりにも大きすぎて……。「あの形（前方後円墳）」が見られるものだと思って行ったのに、見たかった形が全く見えなくてすごくショックを受けました。そこから「なんとかして見たい！」という思いに変わり……。そのとき行った近くの堺市博物館で「仁徳陵はピラミッドや秦《しん》の始《し》皇帝《こうてい》の墓と並ぶ世界三大陵墓の一つで、しかもその中でも一番面積が大きい」と知って衝撃を受けました。「あれ？ なんで世界遺産になってないんだろう」って。もし世界遺産になっていたら全体の形が見られたのかな……と見られなかった悔しさから古墳にハマっていきましたね。そしてあの形を求めて、古墳をめぐるようになりました。

FROGMAN（以下、F）　いやでも、それで本当にたくさんの古墳をご覧になってるからすごいですよね。何基くらい行かれたんですか？

ま　数で言うと二千基以上は……。

F　二千基!? すごいですね〜！

ま　いや、でも全部で十六万基ありますからね（笑）。いろいろめぐるうちに、一つとして同じ古墳がないということに感動して。すごくおもしろい、と思うようになりました。FROGMANさんはどういうきっかけで？

F　僕は、子どものときから歴史が好きで。

ま　かなり早い時期からですね。コフィーちゃんを見てもいろいろな歴史ネタが散りばめられていて、歴史にお詳しいんだろうなと思ってました。

F　古墳に限らず、竪穴式《たてあなしき》住居や、東大寺の大仏殿など、遺跡や史跡が妙に好きでしたね。小さい頃、東京の多摩に住んでいたんですが、そこの小金井《こがねい》公園の、今は江戸東京たてもの園になっているところに、昔古墳の模型があったんです。それを小学校一、二年生の頃に見て、古墳が何かもわからないのに何故かとても興味が湧きました。で、これがお墓だって聞いたとき、何かこう、「ぞくぞく」したんですよね。人が死んだところをこういう風にするんだって。そういうところから、古墳というものにすごく興味を持ちはじめました。

ま　じゃあもともと古墳がお好きだったんですね。

F　はい。でも決定的になったのは島根に住んでからですかね。島根には古墳や墳丘墓、復元公園なんかがそこらじゅうにあって。自分が昔感じた古墳に対するぞくぞくした感じ、「桜の木の下には死体が埋まっている！」的なものが炸裂しました。だから東京に帰ってきても子ど

※1『古墳ギャルのコフィー』…2005年から配信・放送されたFROGMAN作のアニメ。主人公である前方後円墳ギャルのコフィーを中心に彼女を取り巻く古墳や墳丘墓が活躍するシュールコメディ

※2 ニントクくん…『古墳ギャルのコフィー』に登場するヒーロー。コフィーはもちろん女子古墳全員の憧れの的。FROGMANさんが声を担当している

もを連れて古墳を見に行ったり。

ま　おぉ～!!

F　二年前も、真夏のあっつい日に無理やり埼玉《さきたま》古墳群（※3）に連れて行きました（笑）。でも子ども達には非常にインパクトがあったみたいで「また行きたい」、と。

まりこふんさんは、仁徳陵を見に行った頃、コフィーちゃんに出会ったとか？

ま　そうです。私の古墳好きに火をつけてくれたのはやっぱりコフィーちゃんです。もちろん仁徳陵もきっかけですが、ちょうどその頃、深夜にテレビでコフィーちゃんを見て「うぉおおお！　こんなアニメがあるんだ！　なんだこれー！」って。そのとき見たのがキャンパスライフの一話目でした。

F　二〇〇九年頃ですね。

ま　その中でコフィーちゃんが「転んで中《なか》の人《ひと》（※4）が出ちゃった」って。

F　はいはい。

ま　そのネタを見たとき「最高だな」って、ツボにハマりました。こういう風にカジュアルかつポップに、古墳がみんなに広まらないかなって思いましたね。私としてはコフィーちゃんが最高の入口でした！

古墳の全貌を見たいという思いから古墳への愛を歌われるようになったまりこふんさんに対し、FROGMANさんは、古墳好きが具体的にお仕事につながったきっかけは何だったんですか？

F　直接のきっかけは島根に住んだことですね。その頃映画の裏方をしながら、webデザイナーの仕事をはじめたんです。そこで、島根の観光案内のキャラクターを作ることになり、島根といえば古代遺跡だし、古墳や史跡もいっぱいあるし……前方後円墳ってちょっと女の子みたいな形してるじゃないですか。じゃあ、古墳を女の子のキャラクターにしよう、となったんですが、ちょうどその頃「コギャル」という言葉が流行っていて。だったら女子高生にして「古墳のギャル」で「古ギャル」と言えるじゃないか、と。こうして『古墳ギャルのコフィー』が生まれたんです。

ま　もー……その発想が素晴らしいですよね。

Part2（P66）へ
つづくよ！

※3　埼玉古墳群…埼玉県行田（ぎょうだ）市にある古墳群。まりこふんさんは古墳の遊園地と称する

※4　中の人…『古墳ギャルのコフィー』の作中で古墳の被葬者のことを指す。たまにポロっと出てくる

第3章

天理・桜井

箸墓古墳

貴女が望んだこの景色、
身体中で受け止めて

古墳界のアイドル！

パーフェクトボディを
兼ね備えたThe 前方後円墳！

箸墓《はしはか》古墳

Profile

卑弥呼《ひみこ》の墓じゃないか？　と言われている箸墓古墳。大型前方後円墳としては日本最古の古墳とも言われているよ。宮内庁管轄なので中には入れないけど、クビレ部に沿って歩ける場所もある大サービス古墳さん！　上からの姿を想像しながら一周とは言わず、二周でも三周でもまわっちゃお！

二〇一三年にはじめて研究者の立ち入りが許されたのだけど、墳丘の下段を歩いて観察する程度のもので、被葬者が卑弥呼という決定的な証拠はまだまだ出てきていないのが現状……。

それでもモッコリとしていて丸みとクビレがセクシーで、どこから見ても本当に美しくカワイイ古墳さんだから、卑弥呼の墓だったらいいなぁと思ってしまうんだ。

前方部から拝所に向かう途中の小道で野生の亀さんに出会えたよ！

完璧な形！

古墳時代の最初の頃は前方部があまり広がっていないのが特徴

ココが拝所！

クビレに沿って歩けるよ！

DATA

MAP → P115

箸墓古墳（大市墓）〔はしはかこふん（おおいちのはか）〕

時　代	3 世紀後半頃	全　長	280m
管　理	宮内庁	所在地	桜井市箸中
形	前方後円墳	アクセス	JR 桜井線「巻向」駅より徒歩 15 分

お立寄りスポット

MAP → P115

大神神社

- 問合せ　☎ 0744-42-6633
- 拝観時間　境内自由（授与所は 9：00 ～ 17：00）
- 所在地　桜井市三輪 1422
- アクセス　JR 桜井線「三輪」駅より徒歩 15 分

こちらも日本最古!?

箸墓古墳のある巻向（まきむく）駅の隣りの駅・三輪（みわ）駅にある大神（おおみわ）神社。日本最古の神社と言われていて本殿はなくて三輪山を拝しているよ。ここにも是非参拝しよう！

三輪そうめん山本　三輪茶屋

- 問合せ　☎ 0744-43-6661
- 営業時間　11：00 ～ 16：30（売店は 9：00 ～ 17：00）
- 定休日　年末年始（売店は年末）
- 所在地　桜井市箸中 880
- アクセス　JR 桜井線「巻向」駅より徒歩 10 分

彩華ラーメン　桜井店

- 問合せ　☎ 0744-49-2081
- 営業時間　11：00 ～ 24：00
- 定休日　年中無休
- 所在地　桜井市東新堂 522-1 フレスポ桜井内
- アクセス　JR 桜井線「三輪」駅より徒歩 21 分

前方後円墳の歴史はここからはじまった!?

古墳好きなら必墳の古墳群！

※必墳…必ず行くべき古墳の意

纒向《まきむく》古墳群

Profile

箸墓《はしはか》古墳（38頁）のある巻向《まきむく》駅周辺には古墳時代前期の古墳がたくさんあるよ！ 全部めぐっても半日くらいでめぐれるので箸墓古墳はもちろんのこと、他の古墳もめぐってみよう！

ホケノ山古墳

Profile

後円部から日本ではじめて「石囲い木槨《もっかく》」が出土、前方部からは木棺と壺二個を埋めた埋葬施設が出土したことで有名なホケノ山古墳。古墳の上に登れるよ。

墳頂からは箸墓古墳の後円部が見えるよ！

前方部の埋葬施設の様子が復元されているよ！

石囲い木槨

巻《まき》野《の》内《うち》石《いし》塚《づか》古墳

Profile

調査はされてないけれど、この古墳も纒向型前方後円墳の可能性が高いよ！ 小さくてカワイイ古墳さん。墳丘に登れるよ。

よく見ると、田んぼのあぜ道に前方部の跡のようなものも !?

東《ひがい》田《だ》大《おお》塚《つか》古墳

Profile

田んぼの中にポチョ～ンとあって見つけやすい古墳だよ。遠くから見ると木の盛り上がりでちゃんとした前方後円墳の形に見えるけど、実際は結構削られてる感じ……。墳丘に登れるよ。

田んぼの中に現れるので駆け寄りたくなるよ！

DATA

MAP → P115

ホケノ山古墳〔ほけのやまこふん〕

時代	3世紀中頃
全長	80m
指定	国指定史跡
所在地	桜井市箸中
形	纒向型前方後円墳

巻野内石塚古墳〔まきのうちいしづかこふん〕

時代	?
指定	—
形	纒向型前方後円墳
全長	35m
所在地	桜井市大字巻野内

東田大塚古墳〔ひがいだおおつかこふん〕

時代	3世紀後半頃
指定	—
形	纒向型前方後円墳
全長	96m
所在地	桜井市東田

纒向古墳群へのアクセス　JR桜井線「巻向」駅より徒歩10分前後

堂《どう》ノ《の》後《うしろ》古墳

Profile

コレホントに古墳!?って感じなんだけど国津《くにつ》神社の裏にあってホケノ山古墳と箸墓古墳の間にある古墳さん。

古墳の上。伐採されてて広場になっていたよ

神社を背にして右側に古墳の上に登れる小道があるよ。夏は熊笹がすごくてちょっと登るのは厳しいかも

矢《や》塚《づか》古墳

Profile

纒向石塚古墳やホケノ山古墳と同じ纒向型前方後円墳と考えられているよ。後円部は楕円の形なんだって!

勝《かつ》山《やま》古墳

Profile

纒向型前方後円墳と言われていたけど、二〇〇九年の発表によれば前方部が短い纒向型じゃなくて普通の前方後円墳だってことがほぼ確定しているんだって。

周濠が
部分的に残っていて
美しい〜！

纒《まき》向《むく》石《いし》塚《づか》古墳

Profile

ぱっと見た感じとても地味な古墳なのだけど、もしかしたら日本最古の前方後円墳かもしれないとか！ 今後も目が離せない古墳だよ。

前方部は道路で
削られちゃってるの。
悲しい……。

D・A・T・A

MAP → P115

堂ノ後古墳〔どうのうしろこふん〕

時代	5世紀後半頃
指定	—
形	前方後円墳
全長	60m
所在地	桜井市箸中

矢塚古墳〔やづかこふん〕

時代	3世紀中頃
指定	—
形	纒向型前方後円墳
全長	96m
所在地	桜井市東田

勝山古墳〔かつやまこふん〕

時代	3世紀前半頃
指定	—
形	前方後円墳
全長	110m
所在地	桜井市東田

纒向石塚古墳〔まきむくいしづかこふん〕

時代	3世紀中頃〜後半頃
指定	国指定史跡
形	纒向型前方後円墳
全長	96m
所在地	桜井市太田

纒向古墳群へのアクセス JR桜井線「巻向」駅より徒歩10分前後

3基の豪族古墳を従える

大王古墳！

高いところに設けられている拝所。ここのすぐ脇から一周できるようになってるよ

北アンド山古墳

南アンド山古墳

行《あん》燈《どん》山《やま》古墳

Profile

この地域は古墳が密集する地域で、その中でもひときわ目立つのがこの行燈山古墳。ビュンビュン車が通る国道沿いにあるんだけど、美しい参道が伸びていて、さらに階段を上ったところに拝所があるからそこまでくるととても開放的な空間だよ。

江戸時代までは景行《けいこう》天皇の陵墓とされていたのだけど、今は崇神《すじん》天皇の陵墓として宮内庁の管轄になってるよ。

行燈山古墳の近くにある南アンド山古墳、北アンド山古墳、天神山古墳の三基は全て前方後円墳で行燈山古墳の陪《ばい》塚《ちょう》とされてるのでこちらも要チェック！

夕焼けに照らされる行燈山古墳。堀の水面に映る姿は本当に美しい！

ぐるっと一周する間に何箇所か古墳に渡れるような堤があるけど、もちろんここも入れないんだなぁ

DATA　MAP → P114

行燈山古墳（崇神天皇陵）
〔あんどんやまこふん（すじんてんのうりょう）〕

時　代	4世紀前半頃
管　理	宮内庁
形	前方後円墳
全　長	242m
所在地	天理市柳本町
アクセス	JR桜井線「柳本」駅より徒歩15分

お立寄りスポット　MAP → P114

御陵餅本舗

問合せ	☎0743-66-3035
営業時間	9：00～18：00
定休日	水曜日
所在地	天理市柳本町1536
アクセス	JR桜井線「柳本」駅より徒歩10分、行燈山古墳(崇神天皇陵)向かい

行燈山古墳の目の前で買える御陵餅（ごりょうもち）。古墳の形に見えないこともないよねっ！

前方後円墳がロシア帽をかぶった!?

櫛《くし》山《やま》古墳

Profile

柳本《やなぎもと》古墳群の一つで行燈山《あんどんやま》古墳（46頁）のすぐそばにある古墳なんだけど、これがまた珍古墳で、双方中円墳という形！

前方後円墳のときは四角側から登ってきたら丸があって終わりなのに、丸の先にさらにまた四角があるなんて……！

頭ではわかっていたけど実際に歩いてみると本当に信じられない〜って気持ちになるよ！ 四角の部分は同じ大きさではなくて、片方が短くなっているのでまるで前方後円墳がロシアの帽子をかぶっているみたいでカワイィ！ 是非自分の足で双方中円墳の不思議な形を体感してみて欲しい！

中円部は結構高さがあるので登るときは気をつけてね！

見た目には双方中円墳の形はわかりにくいけど、歩いてみると墳丘の高低差も含めて形をよく確認できるよ。古墳デザイナーさんの奇抜なデザインを身体中で感じよ！

D A T A

MAP → P114

櫛山古墳〔くしやまこふん〕

時代	4世紀後半～5世紀初頭頃	全長	150m
指定	国指定史跡	所在地	天理市柳本町
形	双方中円墳	アクセス	JR桜井線「柳本」駅より徒歩20分、行燈山古墳のすぐ東

達成感のある 果樹園一体型古墳！

ウワナリ塚古墳

Profile

前方部分は果樹園になってしまっている前方後円墳で後円部には横穴式石室が残っている！

ニコッと笑っているかのような石室の入り口。その笑顔とは裏腹に、なかなか勇気を試される狭さなので、中に入る場合は万が一のことを考えて外に一人待っていてもらおうね！

入り口は狭いけど頑張って入ると中は物凄い大きさ！絶妙なバランスで高く広く造られた石室に感動すること間違いなしだよ！

とても迷いやすい位置にある古墳だけど、ビニールをかぶった果樹園を目印に探してみよう！

土器土器《ドキドキ》……

▲この道の途中、右側に人が歩いた形跡があるのでそこを行くと石室があるよ。見逃さないように気をつけよう！

石室の入り口の反対側には若い竹がたくさんあったよ

広い範囲でビニールハウスが広がっていてその一番上の方に古墳があるよ

もぅ、
大感動だよ！

DATA

MAP → P114

ウワナリ塚古墳〔うわなりづかこふん〕

時　代	6 世紀頃	全　長	128m
指　定	—	所在地	天理市石上町
形	前方後円墳	アクセス	JR 桜井線「櫟本」駅または「天理」駅より車

古墳めぐりの醍醐味を味わえる

生々しい古墳！

くり抜き式
家形石棺！
組み合わせ式
石棺の底石！

ホントにここで
あってるのかなぁ○○○

東《ひがし》乗《のり》鞍《くら》古墳

Profile

田んぼのあぜ道を歩いて行ってちょっとした隙間から竹やぶの中に入っていくと木でできた階段がある（まずここまでで相当迷った！）。

階段を上り切ると、入ったら最後、二度と出てこられないんじゃないか？と不安にさせられる、ウワナリ塚古墳（50頁）よりさらに狭い石室の入り口を発見。

石室手前でしっかり拝んだあと、勇気を出して中に入ると手前に組み合わせ式石棺の底石の一部が、奥にくり抜き式家形石棺が残っている！

生々しい独特の臭い、湿った空気、多量に入り込んでいる土砂……そして探し当てるのに苦労する、これぞ古墳めぐりの醍醐味なのだ！

西乗鞍古墳は土地の所有者が変わり今は動物霊園予定地になっていて立入禁止。なんとか古墳だけは保存しようと天理市も頑張っているところだよ（2015年3月現在）

せ…狭っ！

ここが石室の入り口!?

石室の前に石仏が立っているよ。しっかり拝もうね！

木の階段のおかげで石室の場所がわかるよ！

DATA

MAP → P114

東乗鞍古墳〔ひがしのりくらこふん〕

時代	6世紀前半頃
指定	—
形	前方後円墳
全長	72m
所在地	天理市杣之内町
アクセス	JR桜井線「天理」駅または「長柄」駅より車

西乗鞍古墳〔にしのりくらこふん〕

時代	6世紀前半頃
指定	—
形	前方後円墳
全長	120m
所在地	天理市杣之内町
アクセス	JR桜井線「天理」駅または「長柄」駅より車

メルヘンチックな

墳《フン》タジー古墳！

下《しも》池《いけ》山《やま》古墳

Profile

この地域では少数派の前方後方墳。見た目も前方後方墳ってわかりやすくて美しいのだけど、なにしろ古墳の上が墳タジー！　前方部に立ってる木なんて、なんでブランコがぶら下がってないんだろう？　と思ってしまう、アンデルセン童話に出てきそうな素敵な木だし、後方部は後方部で大和の古墳群を一望できる景色にウットリ……。

そしてもうひとつ！　木で造られた棺《ひつぎ》は普通腐ってほとんど残らないものなのだけど、ここの古墳の割竹形木棺は奇跡的に残っていて同じく出土した内行《ないこう》花文鏡《かもんきょう》とともに橿原《かしはら》考古学研究所附属博物館で今も見ることができるよ！　いやぁ～、コーフンだね！

周濠（堀）の名残かと思われる池が古墳の周りを囲んでいるよ！

なんともメルヘンチックな木！癒される……

こっちが前方部！

墳ピクしたくなるなあ！

こっちが後方部！

D-A-T-A

MAP → P114

下池山古墳
〔しもいけやまこふん〕

時代	4世紀前半頃
指定	国指定史跡
形	前方後方墳
全長	120m
所在地	天理市成願寺町
アクセス	JR桜井線「長柄」駅より徒歩20分

お立寄りスポット

MAP → P116

橿原考古学研究所附属博物館

問合せ	☎0744-24-1185
開館時間	9：00～17：00
休館日	月曜日・年末年始他
入館料	大人400円、高校・大学生300円、小・中学生200円 ※団体割引あり
所在地	橿原市畝傍町50-2
アクセス	近鉄橿原線「畝傍御陵前」駅より徒歩5分

見た目も埴輪もインパクト大の段々古墳さん！

段々になってる！

古墳の端っこに石の階段がついているから登りやすい！

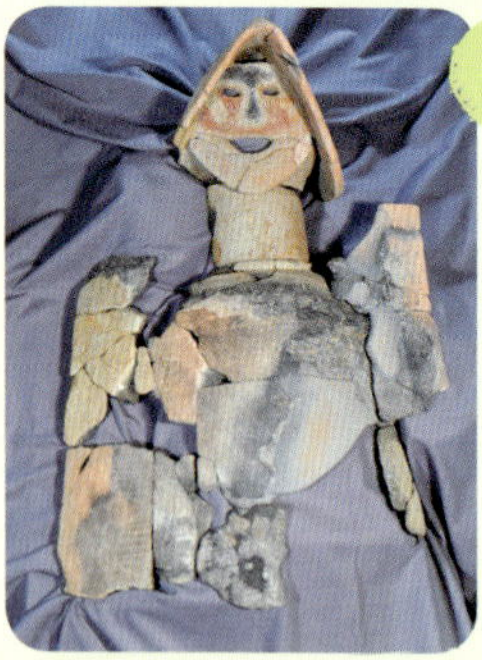

ブキミな笑顔……

邪悪なものから古墳を守るために置かれていたと言われている盾持人埴輪（桜井市教育委員会所蔵）。タトゥー入り！

茅《ち》原《はら》大《おお》墓《はか》古墳

Profile

日本最古級の人物埴輪が出土して一躍有名になった茅原大墓古墳。墳丘も段々畑みたいでインパクト大だけどこの埴輪もスゴイよね！

地元では倭《やまとの》佐《さ》保《ほ》姫《ひめ》の御陵として伝えられてきたんだって。

登れるようになっていて、墳頂からは箸墓古墳（38頁）も見えるよ！　たくさん段があるように見えるけど後円部は三段、前方部は二段の帆立貝形古墳ということが発掘調査でわかっているみたい。

DATA

MAP → P115

茅原大墓古墳〔ちはらおおはかこふん〕

時代	5世紀前半頃		
指定	国指定史跡	所在地	桜井市茅原
形	帆立貝形古墳	アクセス	JR桜井線「巻向」駅より徒歩18分または「三輪」駅より徒歩16分
全長	85m		

首をかしげてるような
ブリッ古墳！
うふっ♥

渋谷向山古墳《しぶたにむかいやま》

Profile

空から見るとまるで首をかしげているような古墳さん。現在は景行《けいこう》天皇の陵墓ってなってるけど、江戸時代には崇神《すじん》天皇の陵墓と思われていたよ。

現在崇神天皇の陵墓とされている行燈山《あんどんやま》古墳（46頁）と一緒で国道沿いにあるこの古墳、墳長約三〇〇メートルの渋谷向山古墳は柳本《やなぎもと》古墳群の中で最大！全国の古墳の中でも、第七位にランクされている大きさだよ！

キレイな
拝所！

宮内庁管轄の古墳には必ずこの看板が立っているんだ

DATA

MAP → P114

渋谷向山古墳（景行天皇陵）
〔しぶたにむかいやまこふん（けいこうてんのうりょう）〕

時代	4世紀後半～末頃	全長	300m
管理	宮内庁	所在地	天理市渋谷町
形	前方後円墳	アクセス	JR桜井線「巻向」駅より徒歩15分

日本初の丸太垣が発見された
赤い石室の茶臼！
とんでもない古墳！

桜《さくら》井《い》茶《ちゃ》臼《うす》山《やま》古墳

Profile

二〇〇メートル超えの大型前方後円墳でありながら中に入れる貴重な古墳！

上空からの写真でわかるとおり、古墳時代前期によく見られる柄《え》鏡《かがみ》式の前方後円墳（60頁）で、前方部の方の広がりがほとんどなくて真っ直ぐなのが特徴だよ。この古墳の埋葬施設は竪穴式石室で、水《すい》銀《ぎん》朱《しゅ》で真っ赤に塗られていたんだって！

しかも日本ではじめて丸太の垣根が埋葬施設を取り囲んでいた「丸太垣」が見つかったところ！

銅鏡の破片も八十一枚以上、見事な玉《ぎょく》杖《じょう》も見つかっていたり、とにかくこの古墳はとんでもない人のお墓だっていうことだけは確かだよ！

スタイリッシュなフォルム！

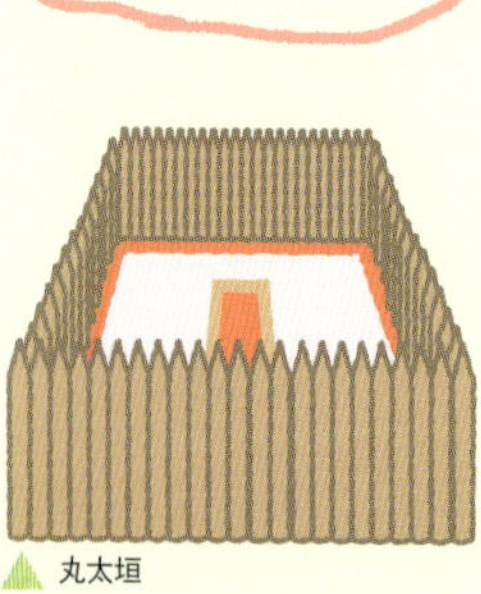

丸太垣

平らな石が積み上げられてできた美しい石室！木棺も残っていたよ！

国道沿いから細い道を入っていくと古墳の周りを歩けるよ！後円部のところからは古墳の中にも入れる！

D A T A

MAP → P115

桜井茶臼山古墳〔さくらいちゃうすやまこふん〕

時　代	4世紀中頃	全　長	207m
指　定	国指定史跡	所在地	桜井市外山
形	前方後円墳	アクセス	JR桜井線「JR桜井」駅より徒歩15分

超巨大円筒埴輪が置かれたのも納得の巨大古墳！

メスリ山古墳

Profile

数年前、橿原考古学研究所附属博物館でビックリするほど巨大な円筒埴輪に出会い、どうしてもこの埴輪が並んでいたというメスリ山古墳を見てみたいと思って来てみたのだけど、納得！ こんなに大きな古墳ならあの巨大な円筒埴輪も並ぶよね！

桜井茶臼山古墳（58頁）と同じく柄《え》鏡《かがみ》式前方後円墳で、茶臼山古墳は埋葬施設に丸太垣があったけど、こっちはその部分が円筒埴輪。墳頂に行くと四角く凹んでいるところがあってそこが埋葬施設だよ。

銅鏡や玉《ぎょく》類もだけども、槍の先や斧などの戦力を裏づけるような武器がたっくさん出土したよ。こっちもとんでもない人のお墓だろうなぁ。

？ 柄《え》鏡《かがみ》式前方後円墳

文字通り柄鏡のような前方後円墳。主に古墳時代前期によく造られていた形

超巨大！

メスリ山古墳に並べられていた巨大円筒埴輪。橿原考古学研究所附属博物館で会えるよ！

DATA

MAP → P115

メスリ山古墳〔めすりやまこふん〕

時代	4世紀後半頃	所在地	桜井市高田
指定	国指定史跡	アクセス	JR桜井線「JR桜井」駅より徒歩24分
形	前方後円墳		
全長	250m		

橿原考古学研究所附属博物館→ P.55

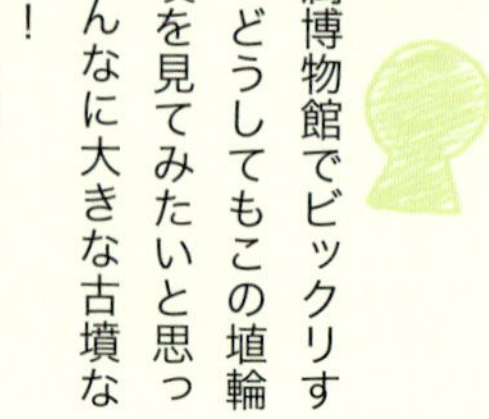

まんじゅうというよりモンブラン？田んぼの中にある孤島型古墳！

マンジュウ塚古墳

Profile

「古墳にコーフン協会」の理事長から「奈良に行くならマンジュウ塚古墳に是非行ってください」と前々からススメられていたのだけど、何コレ、マジでカワイイ！

田んぼの中にモッコリと……そりゃぁもうモッコリし過ぎるくらいモッコリと現れるかわいらしいマンジュウ塚。スプーンで食べちゃいたいようなフォルムはまんじゅうというよりもケーキのような古墳さんだよ。

田んぼのあぜ道を進んでドンドン近づいて行ってみると高さが結構あってところどころ崩れている部分も……。こんなにカワイイ古墳さん、未来に残ってくれることを祈るばかり……。

ほどよい距離から写真を撮るのがオススメ！ポチョ～ンとある古墳の姿がカワイイよ！

近づいてみるとところどころ崩れているのが痛々しい。。。

DATA

MAP → P114

マンジュウ塚古墳〔まんじゅうづかこふん〕

時代	？	直径	15m
指定	―	所在地	天理市櫟本町
形	円墳	アクセス	JR桜井線「櫟本」駅より徒歩15分

33枚の銅鏡で一躍有名になった古墳！

黒《くろ》塚《づか》古墳

Profile

柳本《やなぎもと》駅から行燈山《あんどんやま》古墳（46頁）に向かう途中にある黒塚古墳。住宅街の中にモッコリと見えてくるよ。黒塚古墳を含めて公園になっているので地元の人の散歩コースにもなっているみたい。

この古墳の埋葬施設は竪穴式石室で、状態のよい銅鏡が棺《ひつぎ》を囲むように三十三枚も出てきたんだよ！発見したときは相当コーフンしただろうなぁ！

古墳には階段もついていて登れるようになっているので自分の足で前方部と後円部の高低差を感じてみてね。

DATA　MAP → P114

黒塚古墳〔くろづかこふん〕

時代	4世紀初頭～前半頃
指定	国指定史跡
形	前方後円墳
全長	130m
所在地	天理市柳本町
アクセス	JR桜井線「柳本」駅より徒歩8分

古墳近くにある天理市立黒塚古墳展示館で発掘調査時の石室の様子や銅鏡のレプリカを見ることができるよ！

お立寄りスポット　MAP → P114

黒塚古墳展示館

問合せ	☎ 0743-67-3210	休館日	月曜日・祝日・年末年始
開館時間	9：00～17：00	入館料	無料
所在地	天理市柳本町 1118-2		
アクセス	JR 桜井線「柳本」駅より徒歩 8 分		

日本一大きな前方後方墳は合体型珍古墳！

西《にし》山《やま》古墳

Profile

前方後方墳の上に前方後円墳が乗っかっているような形をしている珍古墳！　前方後方墳としては日本で一番大きい古墳で有名だよ。

この辺りを支配していた物部《もののべ》氏の有力者のお墓じゃないか？　とも言われているけど真相は謎のまま。

後方部に石碑や説明看板もあるし、登りやすいよ。しかし、夏は草が生い茂っているので秋冬に行くのがオススメ！

人が歩いた跡が後方部から前方部にかけて残っているよ。高いところにある古墳なので古墳からの眺めもイイ！

DATA

MAP → P114

西山古墳〔にしやまこふん〕

時代	4世紀頃	全長	183m
指定	国指定史跡	所在地	天理市杣之内町
形	前方後方墳	アクセス	JR桜井線「天理」駅より徒歩26分

石仏が祀られている古墳時代後期の古墳たち！

横ワケヘアー！

２基とも安倍文殊院の境内にある古墳だよ

文殊院《もんじゅいん》西古墳

Profile

古墳では数少ない国の特別史跡の中の一基がこの文殊院西古墳。石室の石は物凄くなめらかで、玄室《げんしつ》の天井石は巨大な一枚岩でアーチ状に仕上げてあり、石工《いしく》職人の業《わざ》が光る石室！

玄室には願掛け不動が祀《まつ》られているよ。石室内を照らすライトもあり参拝者にやさしい！気品を感じる横ワケヘアーの整備のされ方もイイ感じだなぁ！

美しい石工！

文殊院東古墳

Profile

西古墳の石室の石と違ってあまり加工されていないワイルドな造りの石室。こちらにも石仏が祀られているよ。古墳までの道のりには灯篭《とうろう》が並んでいて、古墳が造られていた時代から仏教が伝わり古墳が造られなくなる時代へ変化していく間を表現しているかのよう。

灯篭の先に古墳！

DATA

MAP → P115

文殊院西古墳
〔もんじゅいんにしこふん〕

時代	7世紀後半頃
指定	国指定特別史跡
形	墳形不明（円墳と推定）
全長	25～30m（推定）

文殊院東古墳（閼伽井古墳）
〔もんじゅいんひがしこふん（あかいこふん）〕

時代	7世紀前半頃
指定	県指定史跡
形	墳形不明（円墳または方墳と推定）
全長	10～20m（推定）

所在地　桜井市阿倍（安倍文殊院内）

アクセス　JR桜井線「JR桜井」駅より徒歩20分

古墳ハンター心をくすぐる わかりにくい古墳！

ちょっと狭い……

艸《くさ》墓《はか》古墳

Profile

まりこふんの石室デビューはこの古墳。偶然見つけた古墳で非常に思い出深い古墳だよ。「こんなところ入ってイイの？」と思うような細〜い道を入っていくと左側にモコっと現れる。

石室の入り口はかがまないと入れないくらいの狭さだけど奥に石棺も残っているし、無理してでも入る価値は大アリ！

石棺が石室の大きさに比べてだいぶ大きいから、どうやって石棺を石室に納めたのか？というのが古墳界でよく話題になる古墳でもあるよ。

ホントに入って
イイのかな？

家形石棺！

石棺が石室に比べてだいぶデカイ！たぶん造りながら先に石棺を入れたんじゃないかなぁ〜

DATA

MAP → P115

艸墓古墳（カラト古墳）〔くさはかこふん（からとこふん）〕

時代	7世紀前半頃	一辺	28m
指定	国指定史跡	所在地	桜井市谷
形	方墳	アクセス	JR桜井線「JR桜井」駅より徒歩18分

P36つづき

FROGMAN×まりこふん 古墳への愛を叫ぶ part2

『古墳ギャルのコフィー』には古墳の知識がないと描けないシーンが多くありますね。ところでお二人はどうやって古墳について勉強されたんですか？

F　まりこふんさんの本が出る前、古墳の本って当時は難しい本ばかりでした。だから本を読んで自分の中でうまく咀《そ》嚼《しゃく》できなかったときは、古墳のそばにある資料館や博物館へ行きましたね。そこでネタを拾ってくるというか。

まりこふんさんは？

ま　私も本が苦手なので、自分の足でナマの古墳を見て知識を入れていきました。古墳の前の看板とか。近くにある博物館や資料館が意外に（笑）すごくおもしろいんです。それぞれの館に特徴があって、同じ古墳に対してもいろいろな表現がされていて。

F　ダニエル（※5）なんかも、西谷墳《にしだにふん》墓群《ぼぐん》が身近にあって実際見に行くことができたから生まれたキャラです。

ま　ダニエルと言えば、私は四隅突出《よすみとっしゅつ》型墳丘墓《がたふんきゅうぼ》って古墳の先輩だと思うんですが、でもアニメの中では……かなりヒドイ扱いですよね（笑）。

F　そうですねえ！（笑）四隅突出型墳丘墓には島根ではじめて出会ったんですが、図面を見たら、これがアメーバみたいな形じゃないですか。

ま　そうなんですよね～。

F　なんか、すごく気の毒な感じがしたんですよ。「あれ、もしかしてかわいそうな子なんじゃないかな」って直感が。

ま　「かわいそうな子」!?（爆笑）

F　自分は弥生時代のお墓だし、古墳じゃないし……ってちょっと古墳に対して劣等感持ってるかなって。

ま　どちらかといったら先輩で、古墳の元になるものなのに!!

F　そうですそうです。でも僕の中の印象が、その西谷墳墓群を見たときのままで。〝西ダニエル〟……。

ま　西ダニエルっ！　そうなんですか!?　私てっきりあの……。

F　『ベストキッド（※6）』の？

ま　そうですそうです！

F　両方かかってますね。僕の中でダニエルは弱いやつってイメージで（笑）。そもそもコフィーもパム・グリア（※7）主演の映画『Ｃｏｆｆｙ』での役名から来ていて。ショットガンとか持ってるかっこいい人なんです。

ま　ショットガン、コフィーちゃんも持ってましたね（笑）。ジョーズじゃなくて……。

F　ジョージ（※8）です！（爆笑）

ま　本当に、コフィーちゃんは古墳にコーフン協会の会員もみんな大好きです。新しい、若い世代の古墳ファンはみんな知ってますよ。私もすごく影響を受けました。高松塚くんや石舞台古墳のキャラクターが出てくるお話もありましたが、実際に奈良に取材に行かれたんですか？

F　いや、実は僕、奈良の古墳を実際歩いたのはもっとあとになってからなんです。コフィー役の声優・相沢舞さんと「コフィーちゃんのモデルになった箸墓古墳に行ってみよー！」みたいな企画で行ったのが最初です。

ま　！……やっぱり！！！！！　箸墓古墳なんですね！！　私、コフィーちゃんは絶対箸墓古墳だと思ってたんです！

F　や、だってやっぱりヒロインって箸墓古墳って感じがするじゃないですか。

ま　！！（頷）私は、箸墓古墳は古墳界のアイドルだと思ってます！　私が奈良ではじめて見た古墳も箸墓古墳なんです。だから今すごく感激しています。横から見てもはっきり前方後円墳とわかる、本当に美しい古墳ですよね。

FROGMANさんがこれから行ってみたい奈良の古墳はありますか？

F　まだ全然行けていないので、かたっ

やはり、コフィーちゃんのモデルは箸墓古墳でした！

※5 ダニエル…『古墳ギャルのコフィー』に登場する四隅突出型墳丘墓（四隅がヒトデのように飛び出した弥生時代中期以降の墳丘墓）で、コフィーのクラスメイト。いつも不遇

※6『ベスト・キッド』…1984年に制作されたアメリカ映画。主人公のひ弱な男の子が「ダニエル」

※7 パム・グリア…アメリカ出身の黒人女優。1973年映画『Coffy』に出演

※8 ジョージ…『古墳ギャルのコフィー』のテレビシリーズ第1期第7話に登場する中の人食いザメ

ぱしから行ってみたいです。古墳だけじゃなくて大神《おおみわ》神社とか、出雲王朝系の神様の神社も歩きたいですね。

まりこふんさんが、FROGMANさんにオススメの奈良の古墳はどこですか？

ま　うーーん。そうですね。天理の古墳かな！

F　天理ですか！　へぇ〜。

ま　天理って独特の雰囲気があって、石室にも不思議な空気が満ちていて、まるで異空間に迷い込んだような感じがしました。入り口はすっごく狭いのに、中に入ると天井が高くて……。

F　僕、石室入るの好きなんですよね〜。中に入れる古墳って、やっぱりスペシャル感を感じますよね。

ま　石室の中は、急に空気がふっと変わりますよね。夏でも急に涼しくなったり。

F　で、「入ってみたいな」っていうところと、「ちょっとここは入れないな」ってところがあるんですよね。

ま　そうなんですよねぇ〜!!（頷）

F　あれ、なんでしょうね？

ま　私は全く霊感はないんですが、それでも、威圧感がある古墳と、迎え入れてくれる古墳はわかるんです、不思議なことに。石室と言えば、石舞台古墳はまだ行かれてないんですか？

F　まだなんです。石舞台は中に入れますか？

ま　入れます。すっごく大きいですよ。見つけた瞬間に「墳《ファン》キーー！」って思いました。石がどーんって。

F　（取材の写真を見ながら）へーこんなにデカイんだ！　これは、もともとの古墳は相当大きかったんでしょうね。だからすごい権力者が入っていたと考えられるわけですね。

ま　やはり被葬者の話が盛り上がると古墳は話題になりますからね。でも、そこにね……古墳ビルダー（※9）が登場してくるじゃないですか（真顔）。

F　えへへ（笑）。

ま　私、実は、古墳に関するモノの中で、古墳ビルダーが最も好きなんです。古墳の中の人(被葬者)よりも、古墳デザイナー（※10）とか、古墳ビルダーとか、造った人がすごく好きなんですよ（真顔）。そして、FROGMANさんはそれを描いてらっしゃる!!　あの、小さい人達。

F　古墳から見たら小さい人達（笑）。僕は当時の人達がどんな思いで造ったのかとか、どうしてここをこういう形にしたんだろうとか、そういうことを考える

とぞくぞくするんです。

ま　……その通りですよね！！！　たまらない！

F　二千年前にここにこうやって石を置いた人がいて、それが今もここにあるってすげえなぁって思います、いつも。

ま　そうです、スカイツリーが二千年残るかって話ですよ。あと、守ってきた人達もすごいなって。私その辺の、古墳に関わってる「古墳まわりの人達」がすごく好きなんです。

F　「古墳まわり」！（笑）異常な言葉がどんどん出てきますね。

ま　FROGMANさんに言われたくないですよ！（笑）

まりこふんさんはもちろん、コフィーの復活を待ち望んでいるファンはたくさんいると思いますが……。

F　僕もコフィーのシュールさはすごく好きです。「中の人出ちゃったー！」ってぽろーんて人が出てくるのって、古墳じゃなきゃできないシュールさじゃないですか。古墳って何をくっつけてもシュールになるので、お話は作りやすいですね。古墳が車屋さんをやったり、古墳に銀行口座を作らせるとか、子ども手当を支給するとか、日常生活をしているだけでどんどんおもしろくなる。サイン会でも未だに「コフィーちゃん大好きです〜」って言ってくださる女性の方、多いですね。

FROGMANさんがサインを書いてくださいました

ご満悦のまりこふんさん

まりこふんさんは歌で、FROGMANさんはアニメで古墳をテーマにされていますが、やはり古墳には創作意欲を刺激する魅力があるということなのでしょうか？

F　たとえば、荒《こう》神《じん》谷《だに》遺跡（※11）の三百五十八本の銅剣を「何故埋めたのか」と想像することは自由じゃないですか。そういう物語を考えていくと、古墳の世界ももっと広がっていくと思うんです。戦国時代がおもしろいのは、戦国武将がそれぞれドラマを持ってるから。でも古代って文字で残ってないだけに、物語を書きようがない。考古学者は物語を書く人じゃないので。だから妄想で補わ

※9 古墳ビルダー…『古墳ギャルのコフィー』に登場する古墳を建造した人。小さい人とも言う

※10 古墳デザイナー…まりこふん用語。古墳の形を考えた人のこと

※11 荒神谷遺跡…島根県出雲市の史跡。一箇所から大量の銅剣が発見され、最終的に358本発掘された

ないといけない。古代史には想像する余地があって、そこが楽しいですよね。

ま　私も古墳の墓守《はかもり》の物語を考えたりします。今度、是非古墳デザイナーをキャラクターとして登場させて欲しいですね。

F　いいですね。「こうじゃない!!（グシャグシャ！　ポイッ！）」みたいな（デザイン画を丸めて捨てるしぐさ）。

ま　クライアントから「ちょっとぉーこの形は無理ぃ」とか言われちゃって葛藤する姿とか、造る側の目線もいいですね。

F　今あるものを見ると、「土が盛ってあるだけのものを見て、何がおもしろいの？」ってなりますけど、やっぱり当時の人に思いを馳せて、そこに物語を想像するからおもしろいんですよね。その物語を描ける人間が描いてあげるっていうのが、これから古墳を盛り上げるためには必要かもしれません。古墳の世界を歌い、古墳の世界を描き……みたいな。

ま　はい！　コフィーちゃん、是非復活してくださいね！

F　そうですね、社長に直談判してみます（笑）。

ま　コフィーちゃんを入り口に古墳に目覚めた人がひじょおおおおに多いと思いますので、どうかよろしくお願いします！

F　ありがとうございます。今年こそは奈良に行きますね！

（了）

コフィーちゃんの復活
よろしくお願いします！
ガシッ

この対談を通して、FROGMANさんは
古墳にコーフン協会の名誉会員に！

詳しいプロフィールは協会ホームページで。
『古墳ギャルのコフィー』のグッズ情報は公式オンラインストア「DLE SHOP」を、最新情報（あれば）は「鷹の爪.jp」をご確認ください。

コフィーちゃんグッズの数々（現在は非売品です）。もちろん、まりこふんさんもコフィーちゃんのスマホケースを愛用中！

第4章 橿原・明日香

石舞台古墳

時代が遷り変わっても
貴方の傍で飛鳥は生きる

石室の中に入ると木《こ》漏《もれ》日《び》ならぬ
石《いし》漏《もれ》日《ひ》が射して美しいよ。
石にしがみつき、
いつまでもここにいたくなる～

明日香村の大スター！

むき出しのROCKな姿に皆ウットリ

D-A-T-A

MAP → P116

石舞台古墳〔いしぶたいこふん〕

時　　代　7世紀前半頃
指　　定　国指定特別史跡
　　形　　方墳（巨大な石室が露出）
一　　辺　約55m
所 在 地　高市郡明日香村島庄

アクセス　近鉄吉野線「飛鳥」駅または「橿原神宮前」駅より奈良交通明日香周遊バス「石舞台」下車すぐ
開場時間　8：30～17：00
（年中無休／受付は16:45まで）
入 場 料　大人250円、高校生200円、中学生150円、小学生100円※団体割引あり

石《いし》舞《ぶ》台《たい》古墳

Profile

蘇我馬子《そがのうまこ》の墓ではないか？と言われて全国的に有名な石舞台古墳。

入場料を支払い、石舞台古墳のある公園内に入ると、思ったよりも大きな姿にビックリして「わ〜！」と声を上げてしまうはず！なんとその重さは約二三〇〇トン!? ズッシリと構えたその姿に惚れ惚れする〜。

古墳なのに石だけ？……いえいえ、これは盛土《もりつち》がなくなって石室がむき出しになっている姿なのだっ！

土器《ドキ》土器《ドキ》

地面の溝は排水溝。雨が降っても中に水が溜まらないように造られていたよ

編集担当

石舞台古墳のそばにあるお店「あすか野ログハウス」での顔ハメは必須！

亀石《かめいし》

皆に大人気の亀石ちゃん。意外と大きいんだよ。隣りにある売店の亀グッズもシュールでナイス！

酒船石《さかふねいし》

酒造りに用いたと伝わることからこの名がついたらしいけど、ちょっと宇宙的なニオイを感じる……

明日香村埋蔵文化財展示室

キトラ古墳の石室の様子をどこよりもわかりやすく展示しているよ！

お立寄りスポット

MAP → P116

明日香村埋蔵文化財展示室

問合せ	☎ 0744-54-5600（明日香村教育委員会文化財課）
開館時間	9：00 〜 17：00（入館は16:30まで）
休館日	年末年始
入館料	無料
所在地	高市郡明日香村大字飛鳥 225-2
アクセス	近鉄吉野線「橿原神宮前」駅より奈良交通明日香周遊バス「飛鳥」下車すぐ

あすか野ログハウス

問合せ	☎ 0744-54-4326
営業時間	9：00 〜 17：00（レストランは 11：00 〜 15：00）
定休日	不定休
所在地	高市郡明日香村大字島庄 165-1
アクセス	石舞台古墳からすぐ

飛鳥ロマンの詰まったセレブ合葬古墳！

野口王墓《のぐちおうのはか》古墳

Profile

王子様に会いに行くシンデレラの気分になれるような美しい石階段を上っていくと、天武《てんむ》天皇と持統《じとう》天皇が合葬されている野口王墓古墳の拝所に辿り着くよ。

天武天皇が先に亡くなって埋葬されて、后の持統天皇は没後に火葬されて後から骨壺を同じ施設の中に埋葬したと言われているよ。天皇の火葬は持統天皇がはじめてだったんだって。

飛鳥時代のロマンの詰まった野口王墓、二〇一四年の立ち入り調査で墳丘にあった石が高松塚古墳（81頁）の石ととても似ているということがわかったよ。

ここが拝所

拝所の植木達がとっても墳シー！

ここ！

拝所の裏にまわると墳丘の段がわずかにわかるよ！

D·A·T·A

MAP → P116

野口王墓古墳（天武・持統天皇陵）
〔のぐちおうのはかこふん（てんむ・じとうてんのうりょう）〕

時代	7世紀後半頃	一辺	16m
管理	宮内庁	所在地	高市郡明日香村野口
形	八角墳	アクセス	近鉄吉野線「飛鳥」駅より徒歩16分

木製立物で彩ったオシャレかわい古墳！

反対側

市《いち》尾《お》墓《はか》山《やま》古墳

Profile

とにかくフォルムがかわい過ぎ！丸みのある前方後円墳の市尾墓山古墳。埋葬施設は横穴式石室で、石室内には入れないけど中の様子をガラス越しに見ることができるよ！

ここの古墳からは埴輪だけでなく、埴輪のように古墳に立てられていたという鳥や傘などの木製立物《もくせいたてもの》が周濠から出土！別の素材を合わせ着したオシャレな古墳さんだなぁ！

ここから石室が覗ける

ライトがつくよ！

石室内にある石棺内部は朱で真っ赤に塗られていたんだって！

DATA

MAP → P116

市尾墓山古墳
〔いちおはかやまこふん〕

時代	5世紀末～6世紀初頭頃	全長	66m
指定	国指定史跡	所在地	高市郡高取町市尾
形	前方後円墳	アクセス	近鉄吉野線「市尾」駅より徒歩5分

モコモコモコモコ……

古墳の海で泳いでみよう！

新《にい》沢《ざわ》千《せん》塚《づか》古墳群

Profile

　どこを向いても古墳古墳……。どっちに行っても古墳だらけの新沢千塚古墳群。それもそのはず、約六百基の古墳が密集しているの！

　中でも一二六号墳は出土品がスゴくて有名な長方形墳。ペルシャや中国、朝鮮半島製の副葬品が出土したことから、被葬者は、朝鮮半島か中国東北部から日本に渡ってきた女性ではないかと言われてるよ。近くに二〇一四年の四月にオープンした「歴史に憩う橿原市博物館」があるので合わせて行ってみてね！

新沢千塚古墳群への入り口。この先に古墳の海が広がる！

▲126号墳

お土産は橿原神宮前駅のそばにある「埴輪まんじゅう本舗」の埴輪まんじゅうで決まり！

126号墳の出土品

お立寄りスポット　MAP → P116

埴輪まんじゅう本舗

問合せ	☎0744-23-2525
営業時間	8：00～20：00
定休日	年中無休
所在地	橿原市久米町905-2
アクセス	近鉄吉野線「橿原神宮前」駅よりすぐ

歴史に憩う橿原市博物館

問合せ	☎0744-27-9681
開館時間	9：00～17：00
休館日	月曜日（祝日の場合は翌平日）・年末年始
入館料	大人300円、高校大学生200円、小中学生100円 ※団体割引あり
所在地	橿原市川西町858-1
アクセス	近鉄南大阪線「橿原神宮西口」駅より徒歩22分、新沢千塚古墳群からすぐ

DATA　MAP → P116

新沢千塚古墳群

〔にいざわせんづかこふんぐん〕

時代	5世紀後半～6世紀前半頃が中心
指定	国指定史跡
形	前方後円墳・円墳・方墳・長方形墳など約600基
所在地	橿原市鳥屋町・北越智町・川西町（指定のある地域）
アクセス	近鉄南大阪線「橿原神宮西口」駅より徒歩21分

日本一の石室を持つ奈良県最大の前方後円墳！

丸山古墳《まるやまこふん》

Profile

古墳時代後期の巨大前方後円墳として有名な丸山古墳。以前は「見瀬《みせ》丸山古墳」と呼ばれていたのだけど、最近墳丘のほとんどが五条野町《ごじょうのちょう》に含まれているので最近は「五条野丸山古墳」と呼ばれるようになってるんだって。

また、埋葬施設は長さ二八・四メートルの横穴式石室でこれは日本　の長さ！　石舞台古墳で一九・四メートルだから相当の長さだよね！　埋葬施設のある後円部の木が茂ってるところは宮内庁によって陵墓参考地とされているので入れないけど、それ以外の墳丘部分には登れるので自分の足で大きさを体感してみよう！

墳丘全体が段々になっててておもしろい！

左側が宮内庁管轄で入れなくなってるとこ

DATA

MAP → P116

丸山古墳（畝傍陵墓参考地）
〔まるやまこふん（うねびりょうぼさんこうち）〕

時代	6世紀後半頃	全長	310m
指定	国指定史跡（一部陵墓参考地）	所在地	橿原市五条野町・大軽町・見瀬町
形	前方後円墳	アクセス	近鉄吉野線「岡寺」駅より徒歩4分

世紀の大発見！
これが極彩色壁画だ！

高《たか》松《まつ》塚《づか》古墳

Profile

プリンのようなカワイイ形の円墳さん。しかし侮《あなど》ることなかれ！日本ではじめて極彩色壁画が発見された古墳だよ！石室や石棺などに絵が描かれている古墳のことを「装飾《そうしょく》古墳」と呼ぶのだけども、ここの壁画はそれまでの幾何学模様のような絵と違ってとても繊細な絵。

ちなみにまりこふんは、この古墳から出土した銅鏡「海《かい》獣《じゅう》葡《ぶ》萄《どう》鏡《きょう》」がまがまがしくてとても好き。

近くの高松塚壁画館で
高松塚の極彩色壁画の
レプリカを見ることができるよ。
写真は有名な国宝「女子群像」
（文部科学省所管）

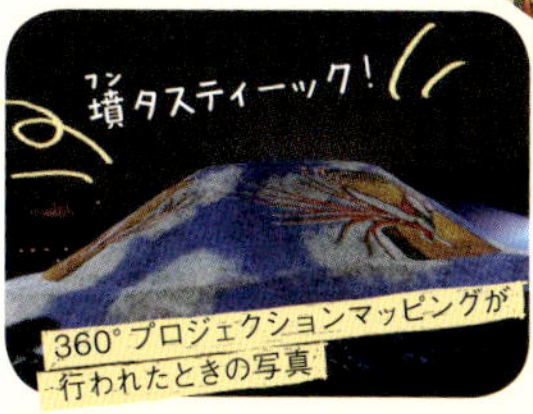

360°プロジェクションマッピングが
行われたときの写真

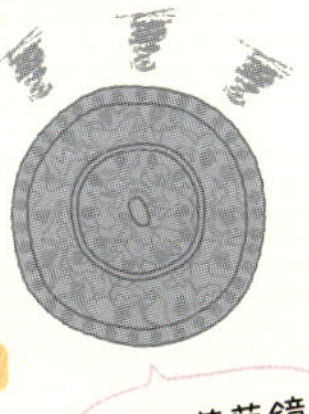

海獣葡萄鏡

お立寄りスポット　MAP → P116

高松塚壁画館

問合せ	☎ 0744-54-3340
開館時間	9：00 ～ 17：00（入館は16:30まで）
休館日	12月29日～翌年1月3日
入館料	大人 250 円、高校大学生 130 円、小中学生 70 円 ※団体割引あり
所在地	高市郡明日香村平田 439
アクセス	近鉄吉野線「飛鳥」駅より徒歩 12 分、高松塚古墳からすぐ

DATA　MAP → P116

高松塚古墳〔たかまつづかこふん〕

時代	7 世紀末～ 8 世紀初頭頃	形	円墳
指定	国指定特別史跡	直径	23m
所在地	高市郡明日香村平田		
アクセス	近鉄吉野線「飛鳥」駅より徒歩 15 分		

延命治療から永遠の眠りへ……

キトラ古墳、Forever

青龍（東壁）

玄武（北壁）

朱雀（南壁）

四神が描かれていた他、天井には天文図、四神の下にはそれぞれ３体ずつ十二支の獣面（獣頭）人身像が描かれていると想定されているよ

白虎（西壁）

キトラ古墳

Profile

二〇一三年に最初で最後の石室公開、二〇一四年には上野東京国立博物館に壁画が出張、と近年古墳界を騒がせているスーパースターのキトラ古墳。

石室は壁画を剥ぎ取り、保存のために機械で守られていたため、半分機械で半分ナマ古墳のキカイダーのような古墳だったが、遂にその機械も外され、埋め戻されて本来の姿に還るときが来た。

二〇一六年には整備されて公園になる予定で、剥ぎ取られた壁画の方は公園内にできる予定の施設に保存・展示されるようだ。

キトラ古墳の壁画は高松塚古墳（81頁）と同じ極彩色壁画で、高松塚古墳よりも先に造られたことがわかっている。絵の感じから同じ絵画チームが壁画を描いたんじゃないかって話も！

……とにかく公園ができたら静かに眠るキトラ古墳にお参りに行こう！

以前は石室を保護するための建物があったけど、今は延命治療の管が外され、建物は壊されたよ。これから埋め戻されて元の姿に復元されるんだ。キトラよ、静かに眠っておくれ……

DATA

MAP → P116

キトラ古墳〔きとらこふん〕

時　代	7世紀末～8世紀初頭頃	直　径	15m
指　定	国指定特別史跡	所在地	高市郡明日香村阿部山
形	円墳	アクセス	近鉄吉野線「壺阪山」駅より徒歩15分 ※2015年3月現在整備中

明日香村でまたまた大発見！

古代日本にピラミッド!?

都塚《みやこづか》古墳

Profile

明日香村で唯一石室内の石棺が覗ける方墳として有名だった都塚古墳。二〇一四年の発掘調査で日本では類のないピラミッド形の可能性が高くなってきたよ！ それも七～八段あったと想定されているとか……うひゃ～、これは大発見！

しかもしかも、石舞台古墳（72頁）の被葬者かも？と言われている蘇我馬子《そがのうまこ》のお父さん、蘇我稲目《いなめ》の墓ではないか!? とも言われているよ！ 今後の展開も一切目が離せないね！

▼調査でわかった築造当時のようす

明日香村で石室内の石棺が見れるのはここだけ！

▲墳丘の盛り土はだいぶ崩れているけども石室はバッチリ残っているよ！

MaraishiStone

近くには「マラ石」がある。もともとは真っ直ぐ立っていたのだけど年月が経ち、傾いたとか……

中には入れないけど、覗けるよ！

発掘調査中！
(2014年5月頃)

DATA

MAP → P116

都塚古墳〔みやこづかこふん〕

時代	6世紀末〜7世紀初頭頃	一辺	28m
指定	—	所在地	高市郡明日香村阪田
形	方墳	アクセス	近鉄吉野線「飛鳥」駅より車、石舞台古墳の南

現代と古代を結ぶ 美しいタイムトンネル古墳！

岩《いわ》屋《や》山《やま》古墳

Profile

全く見事な石室であるっ！ 中に入って石壁も触ってみて！ キレ〜イに磨かれた切石だってことがよりわかるから！

さらに排水設備も備わっていて、石室の入り口の右脇から墳丘にも登れるという古墳ファンにとっては至れり尽くせりな古墳さん！ 飛鳥駅からもとても近いし、明日香村に来てこの古墳に行かない人は本当に損だよ！

▲立派な石碑のある入り口。
この階段を上っていくと岩屋山古墳がある！

外から中

美しぃ~~~!

DATA　MAP → P116

岩屋山古墳〔いわややまこふん〕

時　代	7世紀前半～後半頃	一　辺	40m
指　定	国指定史跡	所在地	高市郡明日香村越
形	方墳	アクセス	近鉄吉野線「飛鳥」駅より徒歩3分

牽《けん》牛《ご》子《し》塚《づか》古墳

Profile

墳丘全面が葺石《ふきいし》ではなくて白い切石で飾られていたと言われている八角墳！ 高いところにある古墳だから、造られた当時はそりゃぁもう光り輝いてどこからでも見えるように目立っていたに違いない！

石室の真ん中に仕切りがあって、はじめから合葬用に造られているよ。もしかしたら斉明《さいめい》天皇の墓じゃないか？ とも言われている！

調査でわかった
築造当時のようす

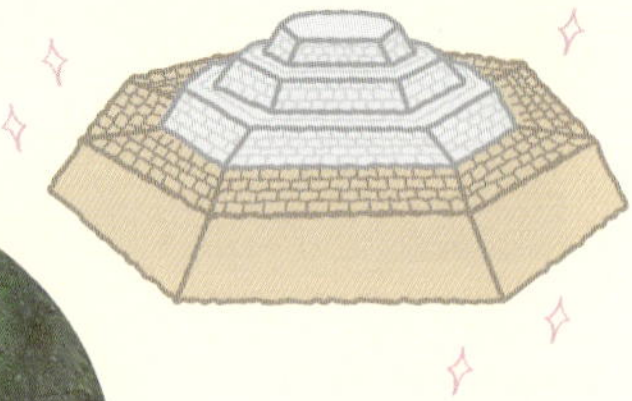

石室内には
入れないけど、
覗けるように
なっているよ！

DATA

MAP → P116

牽牛子塚古墳〔けんごしづかこふん〕

時代	7世紀後半頃	一辺	7m
指定	国指定史跡	所在地	高市郡明日香村越
形	八角墳	アクセス	近鉄吉野線「飛鳥」駅より徒歩10分、岩屋山古墳の西

マルコ山古墳

Profile

二段築造の円墳に復元されてるけど、実は六角墳だったマルコ山古墳。発掘調査で三十代の男性の人骨や排水施設も見つかったよ。隣りには公衆トイレや座れるところもあるので明日香村の古墳めぐりで疲れたら、景色を眺めながらひと休みしよう。

▲古墳に登っていく道に石が貼りついていてすべり止めになってるよ

DATA MAP → P116

マルコ山古墳〔まるこやまこふん〕

時代	7世紀後半～末頃	直径	24m（現状の円）
指定	国指定史跡	所在地	高市郡明日香村真弓
形	六角墳	アクセス	近鉄吉野線「飛鳥」駅より徒歩17分

「宇宙《うちゅう》椅子《いす》」工房見学
古墳クッションができるまで

こんなに古墳に囲まれて幸せ～♡

ま これ（座布団）上円下方墳的な雰囲気ありますよね……。

福 あ、そうですよ。上円下方墳をイメージして作りました。

ま やっぱり！石のカラト古墳♡ あ、これは八角墳……！かわいい……私黄色とか赤、大好きです。

「宇宙椅子」の代表、椅子張り師
福徳有男《ふくとくくにお》さん

大人気古墳グッズの
古墳クッションを作っている
「宇宙椅子」さんの工房に
お邪魔しました！

初公開!?
前方後円墳クッションができるまでをレポート！

工程 1

1枚の畳のようなウレタンの板から古墳の形を切り出します。

本当に手作業なんですね～

ま ちょっと触ってもいいですか？

福 このウレタンをカッターで切ります。

ま カッターですか！

福 型に沿って切ります。地道な作業……。

工程
2

ウレタンを重ねて貼りつけます。このとき後円部の膨らみなどを作ります。

ま この墳丘の膨らみが難しそうですね！

福 こうやって重ねると、なだらかな膨らみになるんです。

ま この形にするのは結構苦労されたんですか？それとも、椅子職人の技法として元からご存じだったんでしょうか？

福 そうですね、椅子張りの技術の中にここをこう膨らませたいときにはこうするという教えがあります。

ま それを古墳クッションに応用したと……。

福 そう、墳丘に応用しました（笑）。

中身の板を並べたところ

工程
3

ミシンでクッションの外側のカバーを縫います。

こんなミシン見るのはじめて！
このミシンが活躍します

ま 墳丘の段を示してる線もミシンで？

福 はい、コレで縫ってますよ！

ま すご～い！

いろいろな形の型紙。布の色や素材も様々……

これが型紙です。さっきのウレタンもこれに合わせて切ります
うわ～！いろんな形の古墳がいっぱい！

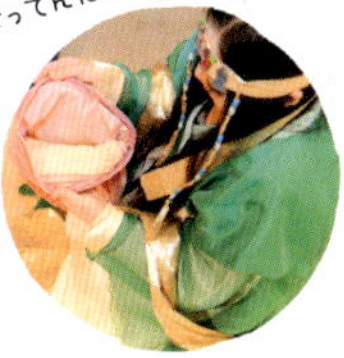
あ、こういうふうになってんだ！

工程

4

縫い上がったカバーの中に、クッションの中身を入れます。

㋮ これホントに入るの？
って感じですが……。

㊗ こう入れて……。

土器土器《ドキドキ》……

古墳がえらいことに……！
結構な衝撃映像です！

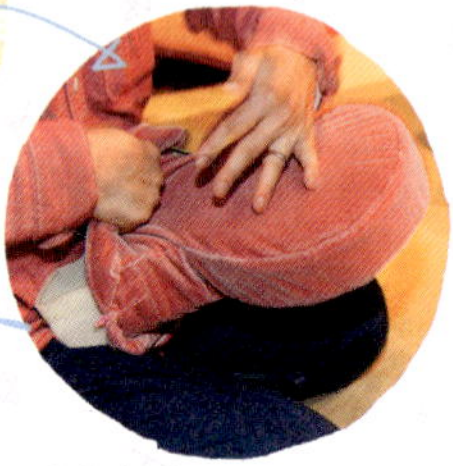

クッションは叩けって
師匠に習いました

……っ！（爆笑）

㊗ いっぱいいっぱいまで入れて、手を広げて……
叩きますっ！

㋮ 慣れた手つき…！やっぱり何百個何千個って
作られてきただけある……。

㊗ 叩くことで隅々まで入って、キレイな形になるんです。

「宇宙椅子」さん、
ありがとうございました！

宇宙椅子 MAP → P112

問合せ ☎ 090-9864-1927
cosmic_re-chair@mbr.nifty.com
※工房を訪ねる際は要予約

所在地 奈良市多門町35-2

アクセス 近鉄奈良線「近鉄奈良」駅より徒歩15分

第5章

葛城

三吉石塚古墳

時代《とき》を超えて甦《よみがえ》った貴方に
来世でも逢えますように

三吉石塚古墳《みつよしいしづか》

Profile

造られた当時の姿で復元整備してある三吉石塚古墳。ビシーっと敷き詰められた葺石《ふきいし》とズラァ～っと並ぶ埴輪に、何か宇宙基地的な、未来的な雰囲気を感じるっ！　当時はコレが当たり前だったなんて、古墳ってかっこよすぎない？　現代の墓地の中にあるのに、一番最先端に感じるデザインだよなぁ。

　駐車場やトイレもあって、古墳にも登れるように階段がついてるよ。

　すぐ近くの新木山《にきやま》古墳の陪塚《ばいちょう》として造られているはずなんだけど、造られた時代に半世紀の開きがあって、もしかしたらたまたま近くに造られたお墓なのかも？　なんて噂もあるよ。

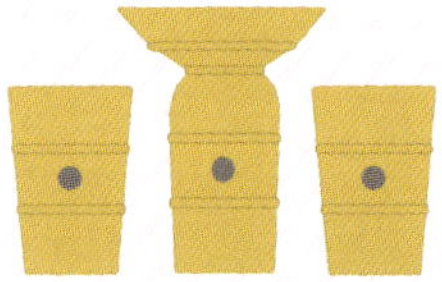

街を挙げて歴史ロマンをうたっているよ！

しましまになってるよ！
ここがクビレっ！

築造当時の積み方で葺石を復元したようだけど、よく見ると葺石がしましまに見える。これは濃い色の石の方を先に目安で積み上げてから間の石を積む効率のよい積み方をしたことを表現しているのだと思う

元は円墳って言われていたのも納得。前方部がホントに短くてカワイイよ！

橋にも古墳！

D-A-T-A

MAP → P117

三吉石塚古墳〔みつよしいしづかこふん〕

時代	5世紀後半頃		
指定	県指定史跡	所在地	北葛城郡広陵町三吉
形	帆立貝形古墳	アクセス	近鉄田原本線「池部」駅より車
全長	45m		

1日がかりでめぐるべし！
大規模古墳公園！

馬《うま》見《み》丘陵《きゅうりょう》公園の古墳

Profile

馬見丘陵公園は物凄く広く、約五六ヘクタール！花もたくさん、自然がいっぱい、カフェや遊具……そしてなんつったって古墳がたっくさん！子供から大人、老人までが気持ちよく「見て・楽しんで・学ぶ」ことのできる憩《いこ》いの空間「馬見丘陵公園」の個性あふれる古墳達を一日かけてゆっくりめぐろう！

馬見丘陵公園の古墳や自然をわかりやすく解説している公園館。なんと無料！

古墳の説明展示がかわいい！

お立寄りスポット

奈良県営馬見丘陵公園館

MAP → P117

問合せ	☎ 0745-56-3851
開館時間	9:00～17:00（公園は駐車場 8:00 開場、閉場時間は季節により異なる）
休館日	原則月曜日・年末年始（公園は年中無休）
入館料	無料
所在地	北葛城郡河合町佐味田 2202
アクセス	近鉄大阪線「五位堂」駅より奈良交通バス「馬見丘陵公園」下車すぐ

ナガレ山古墳

Profile

こんな整備の仕方があったのか！とビックリする二面性を持つ古墳。半分は葺石《ふきいし》をビシーッと敷き詰め、埴輪をめぐらせ造られた当時の姿に整備、残り半分は芝を貼って一般的に頭にある古墳のイメージに整備。階段で上に上ることもできて、前方部では埋葬施設の位置がわかるようになっているよ。並べられた円筒埴輪の四分の一の約百八十本は地元の方々が作った埴輪。いつだって古墳は地元の人達の支えなくしては生き残れないものなのだ。

史跡
ナガレ山古墳

天気がよいと本当に映える古墳だね！

朝顔形円筒埴輪も並んでいるよ！

D・A・T・A　MAP → P117

ナガレ山古墳〔ながれやまこふん〕

時代	5世紀初頭頃
指定	国指定史跡
形	前方後円墳
全長	105m

狐《きつね》塚《づか》古墳

Profile

帆立貝形古墳の狐塚古墳の、丸と四角を分断するように道路が通っちゃっている。いろんな事情があるのはわかるけども、こういう古墳に出会う度にどうしても胸が痛くなるんだなぁ。

この橋の下に古墳をブッ切っている道路がある

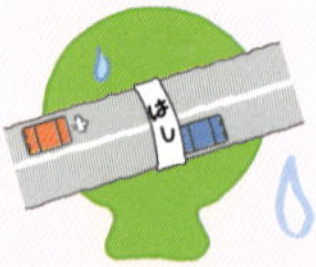

家形石棺！

南エリアと中央エリアを結ぶ橋の下にトイレがあってその脇にこのベンチがあるよ！

乙《おと》女《め》山《やま》古墳

Profile

日本最大級の帆立貝形古墳の乙女山古墳。乙女だけに手つかずなのか、荒れ放題なので地上からだとちょ〜っと形がわかりにくいけども、後円部に造出しがあるのはよくわかるよ！　この造出しからは家形埴輪や楕円筒形埴輪が出土したよ。

帆立貝形古墳の短い前方部に背を向ける感じでベンチがある。個人的には反対向きにして欲しい！

倉《くら》塚《つか》古墳

Profile

スベリ山古墳とも言われていて、かつては円墳だと思われていたけど調査で一八〇メートルの前方後円墳だってことがわかったよ。まだまだわからないことだらけの古墳さんだよ。

なだらかな丘のように見えて、古墳だとはなかなかわかりにくいかも

一本松古墳《いっぽんまつこふん》

Profile

この古墳さん、発見されたときは寺戸《てらど》前方後円墳という名前だったけど、後に一本松山と呼ばれていることがわかって一本松古墳と名づけられたんだって。近くには一本松二号墳（方墳）も見つかっているよ。

巣山古墳《すやまこふん》

Profile

公園内の古墳ではないけど、すぐそばにあって、この辺の古墳では一番大きな前方後円墳だよ。地上からだとわかりにくいけど、とても美しい形の古墳さん。後円部に二基の竪穴式石室が見つかっていて、周濠からは木製品が多数出土、遺構からは水鳥埴輪や蓋《きぬがさ》形埴輪など三十四点以上の形象埴輪も出土したよ！

DATA

MAP → P117

狐塚古墳〔きつねづかこふん〕

時　代	4世紀末～5世紀前半頃
指　定	—
形	帆立貝形古墳
全　長	86m

乙女山古墳〔おとめやまこふん〕

時　代	5世紀前半頃
指　定	国指定史跡
形	帆立貝形古墳
全　長	130m

倉塚古墳（スベリ山古墳）〔くらつかこふん（すべりやまこふん）〕

時　代	5世紀前半頃
指　定	—
形	前方後円墳
全　長	180m

一本松古墳〔いっぽんまつこふん〕

時　代	4世紀後半～5世紀初頭頃
指　定	—
形	前方後円墳
全　長	130m

巣山古墳〔すやまこふん〕

時　代	4世紀後半～5世紀初頭頃
指　定	国指定特別史跡
形	前方後円墳
全　長	204m
所在地	北葛城郡広陵町三吉
アクセス	近鉄田原本線「池部」駅より車

モッコリカワイイ

地域密着型古墳！

築山《つきやま》古墳

Profile

周濠もあって横からでも前方後円墳の形がよくわかる美しい築山古墳。

宮内庁によって磐園《いわぞの》陵墓参考地とされているから中には入れないけど、形がわかるからフェンスで囲まれた周りを歩くだけでもとても楽しい！　造出しもよくわかるよ。周濠には鴨のカップルがたくさん！　亀や魚もたくさんいたよ。周辺も住宅街にしてはおだやかな雰囲気でとてもよい環境だったなぁ。

築山古墳は茶臼山《ちゃうすやま》古墳、コンピラ山古墳、狐井塚《きついづか》古墳などたくさんの陪塚《ばいちょう》を従えている古墳。相当な方が眠っているに違いないね。

▼あんまり見事な前方後円墳だったから思わず得意の前方後円墳ポーズをやっちゃった！

造出しも
よく見えるう～!

おっきい!

築山古墳の陪塚の茶臼山古墳。直径約50mで陪塚にしてはデカイ!

モッコリ
かわいい♥

D・A・T・A

MAP → P117

築山古墳（磐園陵墓参考地）〔つきやまこふん（いわぞのりょうぼさんこうち）〕

時　代	4世紀末～5世紀初頭頃		
管　理	宮内庁	所在地	大和高田市築山
形	前方後円墳	アクセス	近鉄大阪線「築山」駅より徒歩6分
全　長	220m		

かぐや姫の気分になれる大型古墳！

大塚山古墳《おおつかやま》

Profile

五世紀後半に造られた古墳の中では奈良県でも最大級の大きさを誇る大塚山古墳。円筒埴輪、朝顔形埴輪、盾形埴輪、蓋《きぬがさ》形埴輪、家形埴輪などたくさんの埴輪が出土したんだって！

周濠の様子もわかりやすく残っていて、これだけ大きくて立派な古墳なのに中にも入れるよ！看板が立っているところの提を渡って、クビレ部から墳丘の中に入って行くときはもう土器土器《ドキドキ》。登って行くと竹がたくさん生えていて、なんだか凛とした空気が流れているよ。後円部の頂上にはちょっとユニークな顔をした石仏があるのでこれも見逃さないで欲しい！

周濠には田んぼもあって、青空だと本当にキレイで気持ちいぃ！クビレ部の提を渡って墳丘にも入れるよ。県道側でなく裏側からの方が古墳に登りやすいよ！

D・A・T・A

MAP → P117

大塚山古墳〔おおつかやまこふん〕

時代	5世紀後半頃	全長	197m
指定	国指定史跡	所在地	北葛城郡河合町川合
形	前方後円墳	アクセス	近鉄田原本線「池部」駅より徒歩13分

優しい木のある素朴な古墳！

古墳の上に立っている木がとても好みの木でついつい擦り寄ってしまったよ

中良塚古墳《なからづか》

Profile

墳丘はだいぶ崩れちゃっているけど丸みがあってとってもカワイイ前方後円墳さん！大塚山古墳群の中の一基として国指定になってるよ。

ここからも円筒埴輪、朝顔形埴輪、家形埴輪、盾形埴輪、蓋《きぬがさ》形埴輪、須恵器《すえき》などが出土したんだよ。

大塚山古墳から近いので是非会いに行ってみてね。

DATA

MAP → P117

中良塚古墳（高山塚１号古墳）〔なからづかこふん（たかやまづかいちごうこふん）〕

時代	５世紀後半頃	全長	88m
指定	国指定史跡	所在地	北葛城郡河合町穴闇字中良塚
形	前方後円墳	アクセス	近鉄田原本線「佐味田川」駅より徒歩13分

横穴ハンター大コーフンの珍古墳！

二《ふた》塚《つか》古墳

Profile

横穴ハンターにはたまらない！　前方部、後円部、造出し部のそれぞれに横穴式石室があるんだ！　つまり一基の前方後円墳に三箇所の横穴式石室があるという珍古墳！　後円部の石室は鉄柵があって中に入れないけども、他の二基は入り口は狭いけど中に入れるよ。

　この古墳、埴輪は見つかっていないけど墳丘表面に貼石が施されていたみたい。

　ついつい横穴ばかりに目が向いてしまうけど、葛城山の山麓に造られた古墳なので、ここからの眺めは絶景！　奈良盆地を一望できるよ！

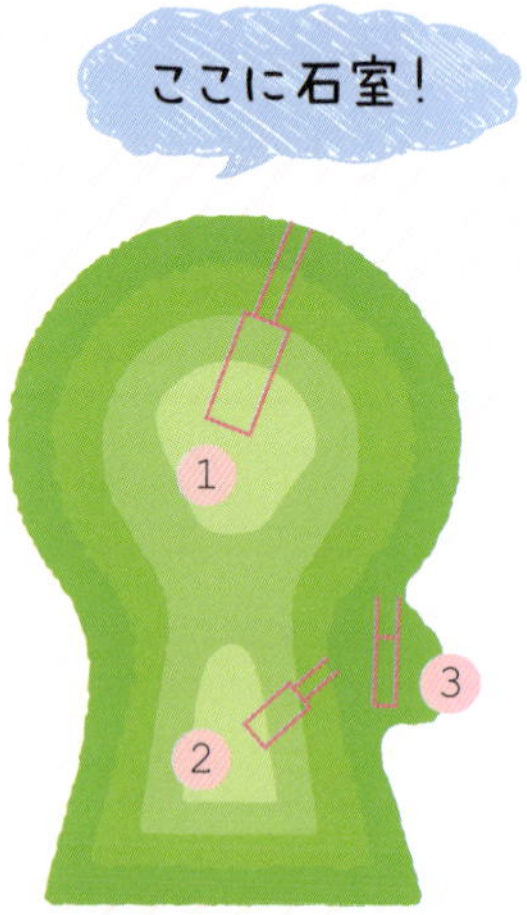

1

後円部の石室は鉄柵があって中には入れないけど、隙間から石室の様子を見ることができるよ

前方部の石室は入れるけども狭いし気をつけてね

2

3

造出し部の石室は小さいから見逃してしまいそうになるよ

D・A・T・A

MAP → P117

二塚古墳〔ふたつかこふん〕

時代	6世紀中頃	所在地	葛城市寺口
指定	国指定史跡	アクセス	近鉄御所線「近鉄新庄」駅より車
形	前方後円墳		
全長	60m		

石舞台に次ぐ巨大石室は圧巻！

牧《ばく》野《や》古墳

Profile

　前方後円墳が造られなくなってきた六世紀末頃の円墳、牧野古墳。この古墳、平安時代の書物『延喜式《えんぎしき》』によれば、敏達《びだつ》天皇の皇子押坂彦人大兄王《おしさかひこひとのおおえのおう》の墓だとか！

　発掘調査されて以来そのままの石室内には元は家形石棺が二基安置してあったのだけど、今は奥の一基しか残ってないよ。しかもだいぶ崩れてしまっているの……。

　石室の閉塞《へいそく》石は細かい石を粘土で固めて閉塞していたらしく、石室入り口の下の方にバラバラ置いてあるから注意して見てみてね。石室内に使われている石は本当に大きくて、一番大きい石は六〇トン近くて、奈良県では石舞台古墳（72頁）の天井石に次いで二番目の大きさらしいよ！　石室の見学には申請が必要だけど、申請してまで見る価値は大アリだよ！

うまさん公園！

迎え入れてくれるような石室の入り口。ワクワク……

石室の奥から入り口。全長17.1mあるとか。長い！

高さは4.5m。ジャンプしても全然届かない高さだよ！

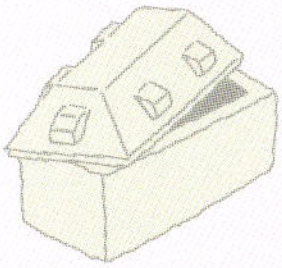

D A T A

MAP → P117

牧野古墳〔ばくやこふん〕

時　代	6世紀末頃	直　径	60m
指　定	国指定史跡	所在地	北葛城郡広陵町馬見北
形	円墳	アクセス	近鉄大阪線「五位堂」駅または JR 和歌山線「香芝」駅より車

石室見学問合せは☎0745-55-1001（広陵町教育委員会）

まるで監獄に入れられているような石槨《せっかく》！

鳥谷口古墳《とりたにぐち》

Profile

小高い丘の階段を上って行くと、非常に現代的な檻のようなものが見えてくる。その中に鳥谷口古墳の埋葬施設の横口式石槨があるよ。

この開口部、盗掘の跡かと思うところだけど、そうではなく最初から開いてるもので、幅が約五十センチしかないってことは火葬されて埋葬されたのかもしれないと言われているよ。

『万葉集』で「大津皇子《おおつのみこ》の亡骸が二上山に葬られた」と記されていることから、もしかしたらこの鳥谷口古墳が大津皇子の墓かもしれない、なんて噂も！だけど現在、皇子の墓は二上山雄岳山頂にあるとされてるんだって。一体どっちなんだろうなぁ。

DATA

MAP → P117

鳥谷口古墳〔とりたにぐちこふん〕

時代	7世紀後半～末頃	所在地	葛城市染野
指定	県指定史跡	アクセス	近鉄南大阪線「当麻寺」駅より車
形	方墳		
一辺	7.6m		

コンクリートで固められたサイボーグ古墳

平林《ひらばやし》古墳

Profile

SF映画の悪役のような顔をした平林古墳。現代の大きな墓地を見下ろすような一番高い位置にあるよ。墳丘の上に登れて、そこからの景色は本当に絶景。奈良を一望できる感じで最古《サイコ》～に気持ちいい！

中には入れないけれど石室の様子が覗き込めてセンサーで中のライトがつくようになっているのが親切。よく見ると石室の壁や天井がコンクリートで固められていて崩れないように整備されている。こういったサイボーグ古墳達は心まで奪われてしまっているんじゃないか、と切ない気持ちにもなるけども後世に伝えていくことを考えると複雑な気持ちになる……。

現代のお墓がたくさんある一番上に平林古墳があるよ

DATA

MAP → P117

平林古墳〔ひらばやしこふん〕

時代	6世紀後半頃	全長	62m
指定	県指定史跡	所在地	葛城市兵家
形	前方後円墳	アクセス	近鉄南大阪線「磐城」駅より車

奈良の古墳MAP

地図中の■数字は頁数を表します。
道路や物件は主要なもののみ表示しています。

奈良市街

◆駅から近い古墳が多いので比較的めぐりやすいよ！
◆奈良市内には大きな陵墓がたくさんあるよ
◆古墳めぐりと一緒に古墳グッズショップやカフェめぐりもできちゃう！

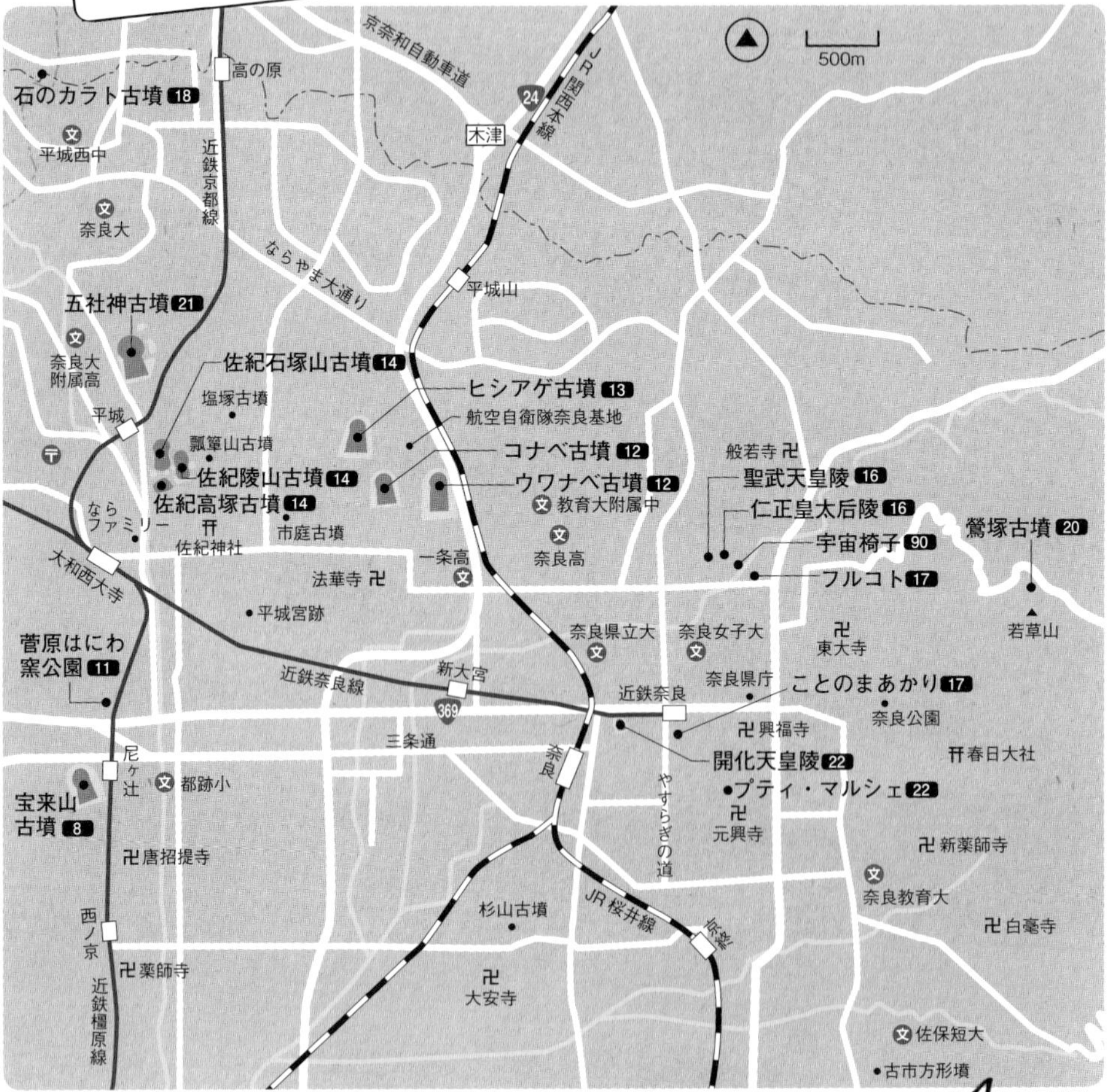

↓ P.113

鶯塚古墳は
近くまで車で
行くこともできるよ

若草山からの夜景は
「新日本三大夜景」の
ひとつに選ばれて
いるんだって

生駒・斑鳩・郡山

◆一筋縄ではいかないユニークな古墳がいっぱいある地域!
◆郡山は金魚で有名な土地。「郡山金魚資料館」もあるよ

↑ P.112

↓ P.117 P.114 →

斑鳩に行くときは
法隆寺だけじゃなく
藤ノ木古墳に
絶対寄ろう!

天理・桜井

マンジュウ塚古墳を
探すときは和爾下神社を、
東乗鞍古墳を探すときは
夜都伎神社を目印に

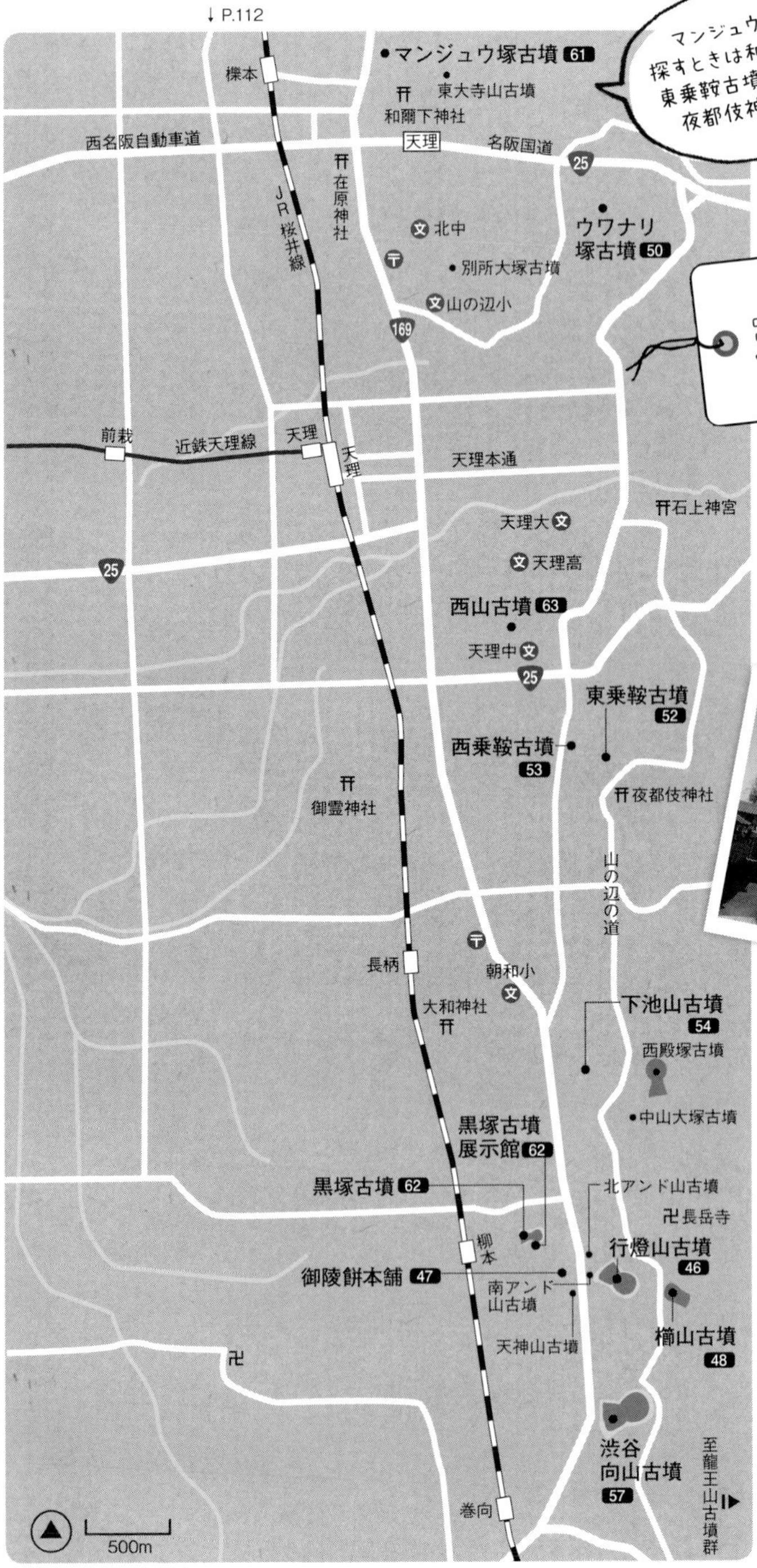

↓P.114

国道169号線は
交通量が多いから
気をつけよう

← P.117

↓P.116

◆天理・桜井にはたくさんの天皇陵や有名な古墳、史跡が並んでいるよ
◆天理駅から桜井駅までの散策ルート「山の辺の道」は古墳ロード。
順に全部めぐっちゃおう

橿原・明日香

◆歴史が息づくまち橿原と、古代ロマンあふれる明日香には古墳ももちろんたっくさん！
◆古墳だけじゃなく有名な神社仏閣や史跡も多いので古墳めぐりとともに楽しもう

↖P.117
↓P.115

市尾墓山古墳は少し離れたところにあるよ！

葛城

◆馬見丘陵公園を中心とした馬見古墳群と、二上山や葛城山寄りの古墳と少し離れているよ！
◆中将姫ゆかりの當麻寺、万葉の山・二上山、高天原伝説など、見所がいっぱい

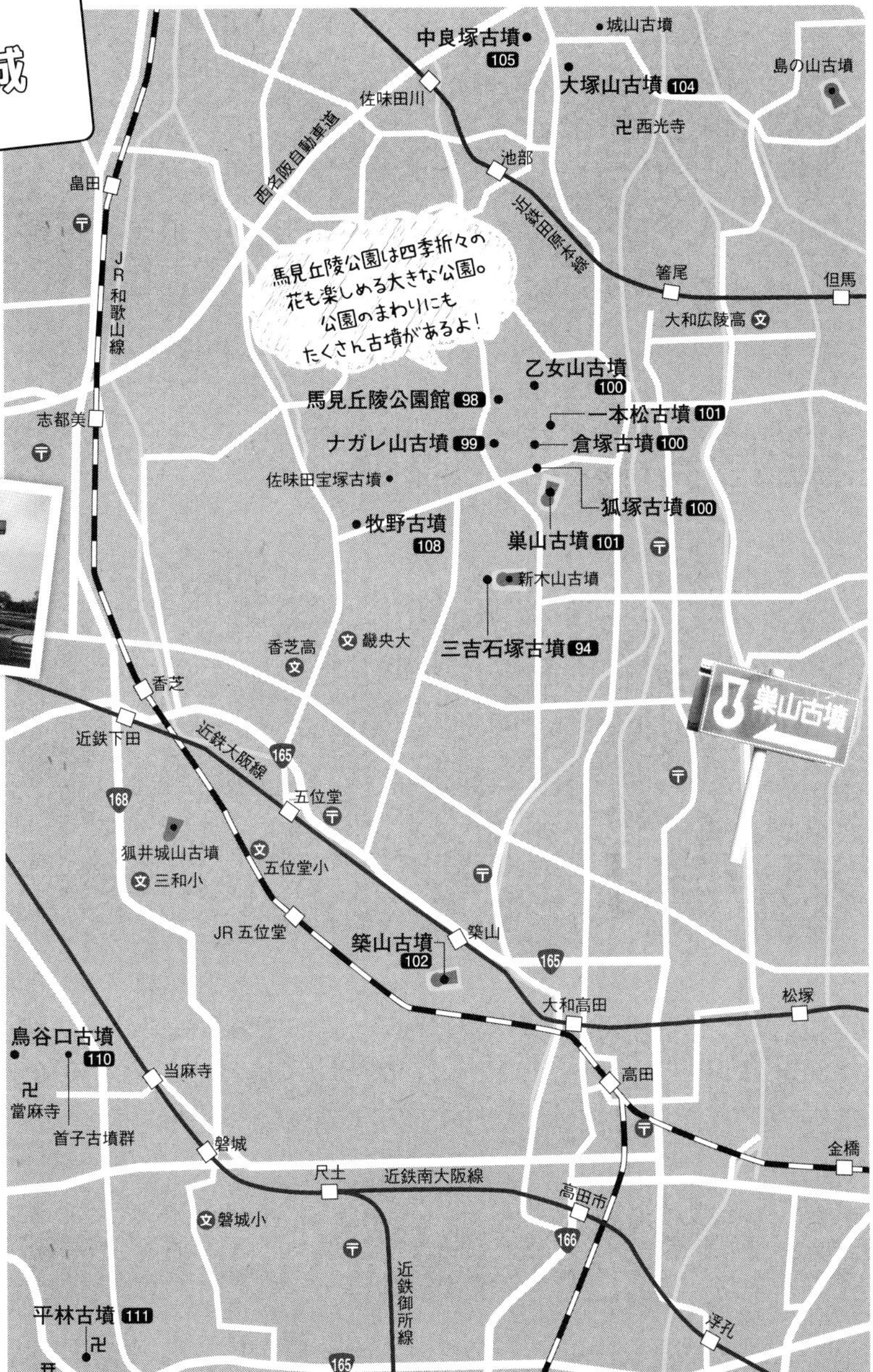

この辺の古墳は少し山を登ったところにあるよ！

おわりに

今回この本を作るにあたって新しい古墳との出会いがたくさんありました。そしてビックリしました。こんな古墳が奈良にもあったのか！……と。

皆の知らないところでひっそりと残ってきた古墳、開発で崩されてしまった古墳、あと10年もつかどうかの古墳もあれば、永遠の命を与えられたフル整備古墳も……。奈良の古墳は皆セレブな古墳ばかり、という私の中にあった間違った「奈良の古墳」のイメージは、次々に現れる個性豊かな古墳達にことごとく打ち壊されました。

さて、「古墳といえば奈良」の秘密、私はわかったような気がします。

それは古墳を取り囲む1500年前から今までの奈良に住む人達に関係すると思います。奈良の人達がずっと古代文化を大事にしているから、愛しているから、誇りに思っているからなのだと思うのです。

よく奈良に住んでいる人からは「そこらじゅう古墳だらけだから別に今更なんとも思わない」という言葉を聞きます。しかしその言葉が出るということは、それだけ暮らしに古墳が溶け込んでいるという証なのです。これはすごいことだと私は思います。

古墳は今の技術では簡単に壊せます。現に毎年どこかで破壊されています。1500年の間、壊されてしまう可能性があった古墳がたくさんの危機を乗り越えて今ここにあることはいわば奇跡です。それを当たり前と思えるということは文化そのもので、逆に言えば古墳を見ればその地域性がわかるってことじゃないかなぁとも思うのです。

今残っている古墳にはそれぞれ壮大なストーリーがあります。奈良に住んでいる方は、自分たちの先祖が残してきたメッセージを古墳から受け取って欲しいし、他の地域から奈良の古墳に行く人は、奈良の古墳と地域の関わり方を感じることで、自分の地域の古墳ともっと仲良くなって欲しい……そんな願いを込めてこの本を作りました。

私もすぐにでもまた奈良に行くとします。きっとまだまだ私の知らないワンダ墳《フン》な古墳がたくさんあるんだろうなぁ！

まりこふん